GRANDES LÍDERES
sabem ouvir

CARO LEITOR,

Queremos saber sua opinião sobre nossos livros.

Após a leitura, curta-nos no facebook.com/editoragentebr,

siga-nos no Twitter @EditoraGente,

no Instagram @editoragente

e visite-nos no site www.editoragente.com.br.

Cadastre-se e contribua com sugestões, críticas ou elogios.

JUSSARA NUNES DALVIT

GRANDES LÍDERES
sabem ouvir

Como as perguntas certas elevam comunicação, performance e engajamento do seu time para alcançar os objetivos do negócio

Gente
AUTORIDADE

Diretora
Rosely Boschini

Gerente Editorial
Carolina Rocha

Coordenação Editorial
Janice Florido

Edição
Luciana Figueiredo

Assistente Editorial
Rafaella Carrilho

Produção Gráfica
Fábio Esteves

Preparação
Julian Guilherme F. Guimarães

Capa
Lena Romão

Projeto Gráfico
Abordagem Editorial

Diagramação
Arthur Lamas

Revisão
Nestor Turano Jr.

Impressão
Assahi

Copyright © 2020 by Jussara Nunes Dalvit
Todos os direitos desta edição são reservados à Editora Gente.
Rua Original, 131/143 – Sumarezinho
São Paulo, SP – CEP 05435-050
Telefone: (11) 3670-2500
Site: www.editoragente.com.br
E-mail: gente@editoragente.com.br

Dados Internacionais de Catalogação na Publicação (CIP)
Angélica Ilacqua CRB-8/7057

Dalvit, Jussara Nunes

Grandes líderes sabem ouvir: como as perguntas certas elevam comunicação, performance e engajamento do seu time para alcançar os objetivos do negócio/ Jussara Nunes Dalvit. —Autoridade: Gente, 2020.

192 p.

BIBLIOGRAFIA

ISBN 978-65-88523-05-6

1. Liderança 2. Comunicação interpessoal 3. Sucesso I. Título

20-3600   CDD-658.4092

Índice para catálogo sistemático:
1. Liderança

Dedico este livro às duas pessoas incríveis de quem tenho a honra de ser mãe e que simplesmente amo: Camila e Milena.

NOTA DA PUBLISHER

A LIDERANÇA SE APRESENTA A TODOS NÓS como um papel inevitável. Seja no trabalho, seja nas relações pessoais ou até consigo mesmo, é comum nos depararmos com situações que demandam decisões assertivas, escolha das respostas mais adequadas e habilidade de engajar outras pessoas na realização de objetivos compartilhados. Essas situações vão se tornando cada vez mais frequentes à medida que crescemos e passamos a ocupar posições de destaque nos contextos dos quais participamos.

Quando focamos a carreira e nossa atuação profissional, embora liderar seja uma capacidade fundamental, o desafio ao desempenhá-la é enorme. Por essa razão, a obra em suas mãos se faz tão importante.

Quando Jussara me apresentou sua metodologia para contribuir com o desenvolvimento de líderes, o tema logo me interessou. Afinal, por mais tecnicamente capacitados que os novos líderes estejam, a relação com sua equipe, a habilidade de se comunicar com efetividade e o poder de unir o grupo com o objetivo comum de buscar as soluções necessárias para enfrentar o cenário incerto e volátil da atualidade são aprendizados que envolvem prática e, assim como a autora irá lhe apresentar muito bem, disposição para ouvir e permitir que o outro atue de modo proativo.

Como líderes, precisamos entender que é impossível termos todas as respostas ou o domínio da verdade. Nosso valor se constrói a partir do crescimento que conseguimos estimular a favor do coletivo.

Em *Grandes líderes sabem ouvir*, você aprenderá que a maior contribuição que pode oferecer àqueles que contam com você é a disponibilidade para ouvir e fazer acontecer as respostas proativas que o grupo lhe apresentar.

Aproveite a leitura!

Rosely Boschini, CEO da Editora Gente.

AGRADECIMENTOS

AGRADEÇO PRIMEIRA E ESPECIALMENTE A você que está prestes a iniciar a leitura deste livro. Que o conteúdo deste livro tenha significado e importância para você assim como eu acredito que terá e realmente impacte positivamente a sua vida.

Gratidão especial àquelas pessoas que me acompanham sempre. Minha família: ao Joacir, meu marido, por ser o meu apoio e exemplo diário de características simplesmente essenciais para a liderança e gestão, como a inteligência emocional e o posicionamento. A nossas filhas, agradeço infinitamente o amor incondicional que compartilhamos.

Minha grande família, Ferraz Nunes, meus saudosos pais João e Maria (*in memoriam*) e Canesso Dalvit, representados por Diomiro e Neide! Obrigada por serem âncoras da minha vida, em valores que aprendi com vocês e que quero repassar às minhas filhas de tão importante que eu acredito ser.

Ao mesmo tempo que está sendo maravilhoso iniciar essa jornada de escritora aos 47 anos, seria impossível agradecer nominando a tantos influenciadores. O que estou entregando neste livro é a soma e a integração de um pouco do que acredito, construído ao longo do tempo com aprendizados com as pessoas que tive o privilégio de conhecer e conviver. Pessoas que contribuíram para o meu desenvolvimento intelectual e humano.

Aos empresários e instituições que me oportunizaram exercer a minha vida profissional, onde eu pude viver inúmeras experiências de liderança, contribuir e me consolidar ao longo do tempo. A cada cliente, cada *coachee* e a cada aluno.

Em toda a minha vida de estudante, meus professores e instrutores impactaram muito a minha vida. O conhecimento transmitido me permitiu compreender coisas além dos meus horizontes individuais.

Aos meus amigos, profundos encorajadores.

Ao pessoal da editora Gente, principalmente Rosely, Ricardo, Carol, Janice, Marcus, Dany, Franciane e Luciana pelo profissionalismo surpreendente e pelo excelente relacionamento.

Obrigada, Deus, pela vida e por ter clareza do meu propósito de contribuir com as pessoas.

Mais e mais sucessos e uma boa leitura.

SUMÁRIO

Introdução: Quem conduz uma conversa? Quem pergunta ou quem responde?, **18**

    Preste atenção, **27**

Capítulo 1: No olho do furacão, **30**

Capítulo 2: As âncoras de posicionamento, **42**

    Inquietudes comuns, **44**

    Âncora de posicionamento 1 – Autocuidado, **47**

    Âncora de posicionamento 2 – Cuidar do outro, **51**

    Líder ouvinte, **59**

Capítulo 3: Só muda de endereço, **62**

    Primeiras horas de vida e já no comando, **65**

    Primeiros passos com independência, **67**

    Seus experimentos em perguntas, **69**

    Modelos oriundos de líderes e mentores, **71**

    "Faca de dois gumes" da gestão, **74**

Capítulo 4: O método Construindo Respostas Proativas, **80**
    O que realmente importa para despertar a motivação intrínseca?, **81**
    Gravamos 20% do que ouvimos, **82**
    A grande sacada, **84**
    O método Construindo Respostas Proativas, **89**

Capítulo 5: Nível 1 – A objetividade produtiva, **90**
    A clareza do objetivo, **92**
    Atribuir responsabilidade, **99**
    Integrando intenção de objetivo, **101**

Capítulo 6: Nível 2 – Os segredos da simples formulação da frase questionadora, **106**
    Palavras positivas, **107**
        Quando utilizar palavras negativas na frase?, **110**
    Priorizando o uso do verbo no futuro, **111**
        Quando usar verbo no passado, **114**
        Quando usar verbo no presente, **114**
    Frases curtas e objetivas, **116**
    Perguntas abertas, **117**
    Transformando a vontade de responder "sim" ou "não" para perguntas abertas, **117**
    Duas vidas (presentes extras), **119**
        Palavras motivacionais externas e internas, **119**
        A palavra TENTAR – o amortecedor da credibilidade, **123**

Capítulo 7: Nível 3 – Apenas dez palavras iniciais repetíveis, **126**
    5W2H ou plano de ação, **128**
        O detalhe do "por quê", **132**
    As três expressões complementares iniciais, **133**

Capítulo 8: Nível 4 – A conversa através de perguntas, **138**
    Utilizar palavras do interlocutor na próxima pergunta, **140**

Postura corporal adequada para ouvir, **145**
Quando parar de perguntar?, **148**

Capítulo 9: Nível 5 – Conquistando o *podium*, **152**
O feedback engajador, **156**
Aplicando o método no feedback sanduíche, **157**
Aplicando o método no feedback de reconhecimento, **161**
A chave de ouro, **162**

Capítulo 10: Como eu não percebi isso antes?, **166**
Versatilidade: a transformação, **169**
Recepção da crítica, da pressão, da cobrança, **171**
Recepção do reconhecimento, **175**

Capítulo 11: Elevando seu nível ouvinte, **180**
Os dois lados da mesma fatia, **185**

Referências Bibliográficas, 188

INTRODUÇÃO
QUEM CONDUZ UMA CONVERSA? QUEM PERGUNTA OU QUEM RESPONDE?

AO ESCREVER ESTE LIVRO, PENSO EM COMO teria sido importante para mim se alguém tivesse me apresentado, no início de minha vida profissional, o que você vai aprender aqui, se alguém tivesse me ensinado uma técnica, um passo a passo para que a minha comunicação fosse realmente assertiva para engajar as pessoas e que eu pudesse utilizar em todos os meus relacionamentos. Por isso, acredito que estou entregando uma arma que, embora seja simples, torna-se poderosa e eficaz na sua mão, como um apoio imprescindível no seu desafio de estar na linha de frente, no comando da sua vida, da sua equipe e da sua empresa.

Sabe por que invisto minha energia para contribuir com as pessoas que estão na liderança? Porque ser bom em engajar as pessoas é abrir uma possibilidade exponencial de crescimento.

É esperado que você, líder, encare os maiores desafios, tome as decisões mais difíceis, resolva os problemas mais complexos e receba mais críticas e objeções. Portanto, a necessidade de ser estrategista e estar disposto a se adaptar provavelmente deve ser uma constante no seu dia a dia. Surpreender na gestão de pessoas é uma competência que ou você já tem, ou precisa desenvolver para ter longevidade com felicidade na liderança, mesmo que isso exija postura firme em determinadas situações.

Quanto mais facilidade você tem de envolver e comprometer outras pessoas com o seu objetivo, mais possibilidades de crescimento proporcionará a si mesmo. Caso não consiga engajar as pessoas, suas chances de desenvolvimento ficam limitadas à quantidade de atividades que você consegue realizar. Quanto mais você assume o comando, mais pode se dedicar e focar nas atividades estratégicas e evitar cair na gafe de ser direcionado para atividades operacionais.

E, nesse contexto, quem motiva o motivador?

Você, como líder, precisa estar constantemente motivado e emocionalmente bem para ser o exemplo. Às vezes, pode parecer que, na verdade, está somente vestindo uma roupa de super-herói sem conseguir expor suas vulnerabilidades. Essa rotina na liderança pode estar elevando seu nível de estresse e ansiedade. Focar mais no lado profissional pode acabar desequilibrando a sua divisão de tempo de dedicação às demais áreas da vida. Você deve lembrar que, além de ser responsável e direcionador dos resultados das equipes e das empresas, ainda é líder de si mesmo, com objetivos diversos, inclusive familiares e sociais.

Conduzir os negócios e alcançar os objetivos propostos com resultado financeiro positivo e satisfação nada mais é do que o esperado do seu trabalho, e essa tarefa demanda muito de você. É por esse nível de comprometimento que a empresa está disposta a investir no seu pagamento. Em razão da sua habilidade em liderar e atingir metas, você merece ser reconhecido e, como resultado, conquistará a confiança de vários seguidores como prêmio. Assim, você se tornará um dos grandes responsáveis pelos resultados empresariais e, consequentemente, por gerar valor à sociedade.

Então, pretendo ser uma apoiadora na sua desafiadora e interessante trajetória. Eu o admiro e acredito que os <u>líderes poderosos</u> contam com entusiasmados <u>seguidores</u> orgânicos na construção dos resultados esperados. Por isso, empenhei-me em selecionar somente as informações fundamentais e consolidadas em uma metodologia inovadora, que impacta definitiva e imediatamente a sua habilidade de perguntar e ouvir.

> Líder pressupõe ter seguidores;
> Seguidores = confiança;
> Confiança = verdadeiro interesse pela pessoa;
> Verdadeiro interesse = perguntar certo;
> Perguntar = ouvir.

Quando o líder dá oportunidade para o liderado responder, ele não só alivia o próprio trabalho, mas também proporciona e estimula a autonomia e a competência de seu liderado. Além disso, torna-se um líder admirado e um ponto de apoio, pois observa e escuta, acredita no potencial de criar soluções, e valoriza a competência do liderado. Consequentemente, abre a possibilidade de se surpreender com o desempenho da sua equipe, impactando positivamente a sua vida e a das pessoas à sua volta.

Sobre perguntar e ouvir, no livro *Desperte seu gigante interior*, Anthony Robbins nos desafia:

> Que poder você poderia desencadear ao fazer algumas <u>perguntas igualmente simples, mas eficazes</u>? As perguntas são, indubitavelmente, um instrumento mágico que permite ao gênio de nossas mentes atender aos nossos desejos.
>
> As perguntas mudam imediatamente o que focalizamos e, em consequência, como sentimos;
>
> As perguntas mudam o que suprimimos, na seleção natural do que o cérebro define como prioridade para focar, no meio de tanta informação;
>
> As perguntas mudam os recursos à nossa disposição;
>
> No reino dos negócios, em particular, as perguntas abrem novos mundos e nos dão acesso a recursos que de outra forma poderíamos não saber que se achavam disponíveis;
>
> Aprender a fazer perguntas fortalecedoras em momentos de crise é uma habilidade fundamental;

> As respostas que recebemos dependem das perguntas que estamos dispostos a fazer. (grifos da autora)[1]

Já em O poder da ação, Paulo Vieira afirma que "as respostas serão sempre importantes, porém não superam as perguntas em importância e poder".[2]

E Simon Sinek menciona, no livro Comece pelo porquê, que "comunicação não tem a ver com falar, tem a ver com ouvir".[3]

Ouvir parece até mesmo uma habilidade fácil e simples, porém, o mais comum continua sendo a grande aptidão de falar e falar. Existem diversos cursos de oratória que ensinam a como falar em público com mais tranquilidade e sem medo. Vendedores, atendentes e líderes são capazes de emitir conselhos, dicas, regras, ordens e suas percepções com muita facilidade. Por outro lado, a capacidade de fazer perguntas corretas para compreender a outra pessoa é menos comum.

As pessoas sentem-se melhor quando são ouvidas, quando emprestam também a boca para se comunicar com seu líder em vez de somente as orelhas. Porém, os líderes, em geral, estão mais propensos a ficar concentrados em si mesmos, no que

---

[1] ROBBINS, Anthony. *Desperte seu gigante interior*: como assumir o controle de tudo em sua vida. 31. ed. Rio de Janeiro: BestSeller, 2017, pp. 226-34.

[2] VIEIRA, Paulo. *O poder da ação*: faça sua vida ideal sair do papel. São Paulo: Editora Gente, 2015, p. 204.

[3] SINEK, Simon. *Comece pelo porquê*: como grandes líderes inspiram pessoas e equipes a agir. Rio de Janeiro: Sextante, 2018, p. 172.

irão falar. Isso acontece, por exemplo, quando há uma apresentação de grupo: é mais fácil ficar pensando no que você vai falar quando chegar a sua vez do que prestar atenção em todas as informações que os outros estão dizendo.

No livro *Engajamento total*, Brian Tracy, Villela da Matta e Flora Victoria[4] indicam que, nas tomadas de decisão, em 99% do tempo as pessoas estão pensando em si mesmas e em suas preocupações pessoais, ficando à sua disposição e a de todo o restante da humanidade apenas no 1% restante. Você pode estar se perguntando agora se os líderes mais tímidos, que não se expressam tanto, têm mais facilidade de ouvir. Então, peço que imagine aquele líder tímido e que pouco conversa: se ele não instigar seu liderado com perguntas, não haverá conversa alguma, pois o liderado não pode ler pensamentos.

Em vários momentos, eu me pego observando e analisando o comportamento das pessoas que conheço que são bem-sucedidas em relacionamentos interpessoais. Foi assim que percebi que aquelas de que mais gostava de estar perto são justamente as que mais me dirigiam perguntas. Mas não quaisquer perguntas. O segredo é que faziam eu me sentir bem e tornavam a conversa prazerosa.

---

4   MATTA, Villela da; TRACY, Brian e VICTORIA, Flora. *Engajamento total*: como aumentar a performance e a lucratividade da sua empresa através das pessoas. São Paulo: SBCoaching, 2016.

QUEM CONDUZ UMA CONVERSA? QUEM PERGUNTA OU QUEM RESPONDE?

Gostar de gente, priorizar e apreciar as outras pessoas são requisitos básicos para quem quer estar no topo do ranking dos melhores e mais bem-sucedidos líderes, os bons ouvintes.

Para gostar de seus liderados, algumas variáveis precisam ser interpretadas:

- Esse liderado já é seu, não precisa mais fazer esforço para conquistá-lo e ele certamente possui fortalezas;
- Todos são diferentes;
- O lado emocional das pessoas não é linear;
- Não é possível imaginar a quantidade de interpretações que as pessoas podem fazer para cada fato, informação ou circunstância.

Portanto, concluímos facilmente que, para estar acima da média em liderança, é necessário comportar-se como questionador e ouvinte. Esse é um comportamento diferente do da maioria e torna-se um grande diferencial dar a devida atenção às respostas das pessoas para as perguntas certas. Se o seu objetivo é ouvir mais, logo precisa perguntar mais. Mas perguntar o quê? Se ouvir é a chave do sucesso para alcançar engajamento, persuasão e influência, quais perguntas seriam mais assertivas?

O grande objetivo deste livro é oferecer um método de fácil aplicabilidade para gerar as perguntas corretas, tudo isso por meio de uma leitura fácil e descontraída e com aprendizados incríveis sobre como ouvir. O tempo de que você vai precisar para realizar essas descobertas transformadoras e aplicá-las no seu dia a dia é o mesmo destinado à leitura desta obra, que vai conduzi-lo pelo passo a passo na prática. Em um período curto, você receberá respostas ajustadas aos seus objetivos. E, como num jogo, você vai querer ir até o final e vencer.

Este livro vai impactar positiva, rápida e extraordinariamente todos os aspectos do seu comportamento como líder, e sua habilidade de se comunicar dará um salto, proporcionando um *upgrade* na sua capacidade de liderar. Não há contraindicações para quem quer experimentar esta jornada e aplicá-la à sua vida. Os resultados podem ser surpreendentes.

É interessante, desafiador e prazeroso apresentar um jeito simples de se comunicar e que funciona na vida pessoal e profissional como uma metodologia transformadora. É certo que uma pessoa será reconhecida como líder se tiver seguidores, e estes atenderão ao direcionamento desse líder porque acreditam e confiam nele. Nesse contexto, este livro tem um passo a passo para você se destacar no agressivo mundo dos negócios, através da sua performance na comunicação e do contato com o que as pessoas são e têm de melhor. A ideia central aqui é contrariar a máxima "trabalhar com pessoas é difícil", bastante difundida por uma parcela de líderes da atualidade.

Gostar de gente pressupõe ouvir qualquer informação com 100% de presença e atenção. E, no meio de tantas tarefas para executar e tantas metas para cumprir, como ter tempo para as pessoas? O que é produtividade para um líder senão otimizar o uso do seu tempo? Então, imagine-se transformando conversas improdutivas, reduzindo desculpas, justificativas e chororôs, em conversas qualitativas com um número maior de pessoas, focadas em solução, bem-estar e resultados.

Geralmente, o foco nas metas está em primeiro lugar na lista de prioridades de um líder. Então, pare para pensar: se você puder contar com a ajuda e o potencial dos seus liderados, quanto vale a sua dedicação em ser hábil nesta conquista de ajuda voluntária? Se você já conquistou uma posição de liderança, certamente tem demonstrado diversas competências que o elevaram a esse patamar dentro da sua organização. Chegar ao nível de um excelente líder ouvinte está em suas mãos.

PRESTE ATENÇÃO

Quem conduz uma conversa? Quem pergunta ou quem responde?

Quem conduz uma conversa é aquele que pergunta, pois direciona o cérebro da outra pessoa a responder. Em tese, seria impossível alguém perguntar algo como "o que você gosta de comer?" e a outra pessoa responder "eu construo prédios". Quando ouvimos algo, nosso cérebro já forma uma imagem mental para aquela informação.

Você já parou para pensar qual é o padrão da sua fala? Quando quer cobrar o desempenho de alguém que errou, que frustrou a sua expectativa ou que precisa melhorar em determinados comportamentos, quais palavras você utiliza? São afirmações ou são perguntas?

Se está exercendo o seu papel de líder, conduzindo sua equipe e seu negócio para os resultados esperados, você provavelmente deseja perceber a motivação e o desempenho de seus liderados sob a sua condução. Então, ou você assume o comando da conversa, por meio das perguntas certas, ou permite ser conduzido pelas respostas aleatórias que recebe. O fato é que cada pessoa faz interpretações usando filtros próprios, à sua maneira. Assim, quando o líder é o único que fala em uma conversa, ele sequer consegue saber se o liderado entendeu a mensagem.

Acredito que você não queira permitir que as objeções e a negatividade do seu interlocutor conduzam a conversa, tampouco que as desculpas e justificativas sejam a pauta. Neste caso, você deve renunciar as conversas improdutivas e destrutivas e começar a direcionar diálogos produtivos e adequados às suas necessidades e objetivos. Dessa forma, você estará conscientemente na condução, no controle, no comando da conversa através das perguntas. No entanto, dependendo de como a pergunta é elaborada, as respostas se tornam adequadas ou inadequadas. Se houver respostas inadequadas, preste atenção, pois *o líder não formulou a pergunta ideal.*

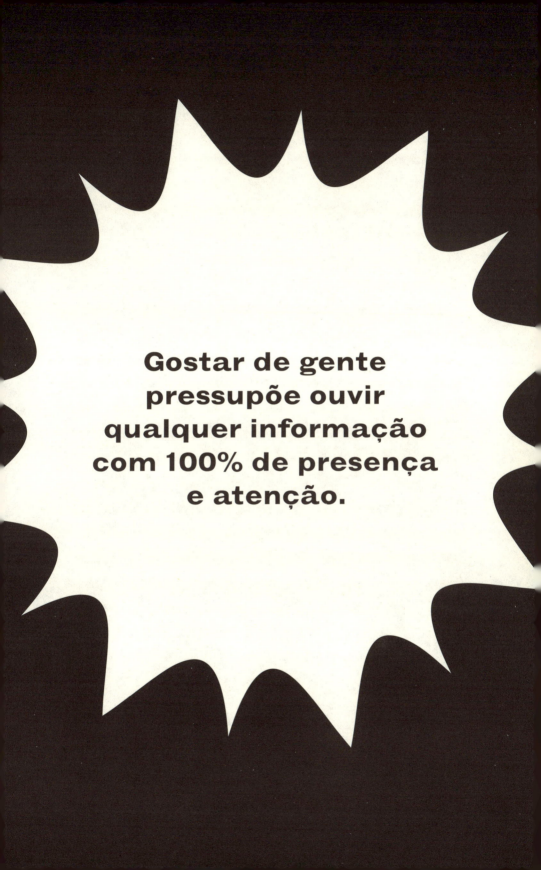

CAPÍTULO 1

NO OLHO DO FURACÃO

EMBORA SEJA UM DOS MOMENTOS MEMO-ráveis da vida, altamente positivo, uma conquista incrível e da qual será possível se lembrar em detalhes décadas depois, o embarque na estação "ser líder" normalmente não vem com manual de instruções e, durante o exercício da liderança, acontecem perturbações que podem fazer a positividade do momento ser ofuscada por estresse, ansiedade e preocupações. Então, ocupar uma posição de destaque na organização – o que seria uma bênção na sua vida – pode realçar algumas limitações suas sem deixar você perceber os detalhes que podem estar causando frustração em função de toda a demanda que precisa ser atendida.

Talvez você já tenha sonhado bastante em estar na linha de frente do seu setor ou da sua empresa, ou até mesmo ter o seu próprio negócio. Caso já tenha conquistado essas metas, hoje você possivelmente vivencia as dinâmicas, inquietudes e vitórias de ocupar essa posição. E um dos primeiros objetivos esperados logo depois de você assumir esse cargo é direcionar a equipe e o negócio para o rumo certo.

Na minha trajetória como líder e com líderes, percebi que o nosso estresse é frequentemente gerado por três fatores:

1. Falta de produtividade e comprometimento, principalmente dos liderados;
2. Perda de tempo ouvindo desculpas e justificativas;
3. Sobrecarga funcional e emocional por receber uma produtividade menor do que a esperada.

Permita-me compartilhar a história da Maria (nome fictício), cujo trabalho era uma grande e importantíssima conquista da sua vida até então. Maria havia começado como auxiliar na empresa, galgou muitos degraus até ocupar um cargo de gestão. O salário era bacana, ela aprendeu a dirigir e conseguiu comprar seu primeiro carro. Tinha certo status, um horário de trabalho diferenciado e vinha acumulando conquistas desde seu ingresso nessa empresa. Finalizou um curso superior, conseguiu construir sua casa com financiamento, era casada e já tinha filhos. Mesmo assim, preocupava-se com o futuro, uma vez que o seu passado tinha sido bastante difícil e ela ainda tinha muitos objetivos pessoais e profissionais para alcançar. Da mesma maneira que Maria esperava entregar seus próprios resultados, também esperava que seus liderados concluíssem as entregas planejadas, bem como atingissem as metas propostas.

Uma das coisas que mais a frustrava e aborrecia era quando sua expectativa quanto à alta performance de entrega de seus liderados era quebrada. Embora muito ocupada, Maria costumava reunir todos os liderados de uma vez só para repassar todas as informações, acreditando que, com isso, ganhava tempo e uniformidade na comunicação. Assim como dizem que filhos educados da mesma forma demonstram comportamentos diferentes, os liderados pareciam não entender exatamente da mesma maneira o que era tratado nas reuniões. Na prática, Maria não identificava mudanças de comportamento, precisava cobrar prazos porque havia atrasos na entrega das tarefas e, na maior parte das vezes, recebia resultados com erros ou qualidade abaixo das suas expectativas. O custo do reprocesso era bastante alto, tanto pela impossibilidade de o liderado avançar na rotina de tarefas quanto pela necessidade de a própria líder dedicar seu tempo para corrigir ou refazer o trabalho, resolver o problema ou tentar reter um cliente cuja demanda não havia sido atendida.

Apesar de Maria compreender que "cliente que reclama ainda quer fazer negócios e a sua reclamação ajuda a empresa a melhorar", quando havia reclamações, ela percebia que as evidências apontavam que os liderados não davam a devida atenção aos clientes, acreditando que suas reclamações eram "tempestade em copo d'água". Por conta disso, alguns clientes deixavam de comprar e ainda anunciavam sua insatisfação publicamente. Ela sentia falta de comprometimento dos seus liderados, porque eles não mudavam suas atitudes.

Maria se considerava bem organizada e adorava fazer planilhas para medir resultados, indicando metas individuais baseadas em sua própria performance na execução das tarefas. Contudo, era comum chegar ao final do mês e se entristecer com os resultados de alguns. A falta de produtividade de certos integrantes de sua equipe consumia sua energia, inclusive no final de semana. Ela precisava intervir nestes casos, e a rotina de cobrar liderados se repetia. Contudo, ela não gostava desse papel inquisidor, afinal havia aqueles que levavam para o lado pessoal e produziam ainda menos. Maria chegou a perder bons funcionários. Outros, apesar do grande potencial, não acreditavam em si mesmos e ela acabava perdendo-os também.

Ela sempre havia demonstrado paciência e tranquilidade, mas começou ficar irritada diante dessas situações, chegando a utilizar um tom de voz mais hostil com quem, muitas vezes, não merecia. Tudo porque não aguentava mais perder um tempo precioso com conversas improdutivas, negativas e cheias de desculpas.

Numa tarde, entre as gôndolas do supermercado, Maria ouviu um de seus funcionários conversando com algum amigo ou familiar: estavam falando sobre ela. Foi como se um filme estivesse passando pela sua cabeça. O homem dizia: "Se eu achasse outro lugar que me pagasse o que esta empresa me paga, eu saía hoje. Eu me dedico até demais e, quando mais preciso, eles não veem o que faço de bom, só contabilizam o que errei, esquecem de contabilizar o que acertei. Gastam um monte fazendo treinamento de liderança, mas não têm sensibilidade...". Ela estava certa de que não tinha essa intenção quando falou com esse funcionário, pois não queria que ele saísse da empresa. Então, como ele podia interpretar a mensagem de forma tão diferente?

A sobrecarga por ter que resolver tudo sozinha ou ter que criar e pensar em todas as estratégias e soluções era uma constante na vida de Maria. *Planejar, organizar, liderar, controlar e executar.* Essas palavras não saíam da sua cabeça desde a faculdade de administração. Por mais que tentasse aplicar tudo isso, ela simplesmente percebia que não dava conta por causa de todos os imprevistos que aconteciam durante o dia. Ela tentava ensinar e delegar tarefas, mas, como seus liderados não as executavam tão bem quanto ela gostaria, ela acabava tomando o trabalho para si, dizendo "se eu fizer, além de sair mais rápido, sei que farei certo já na primeira vez". Assim, as atividades operacionais se tornavam prioridades e Maria deixava o estratégico para depois. Acontece que o depois nunca chegava. Ela conversava com os liderados, tentando identificar os motivos da baixa produtividade, mas se sentia encurralada, sem postura. Já não sabia mais o que fazer para dar certo.

Quando precisava da cooperação de todos, o esforço de convencimento era enorme, por mais que ela alertasse sobre os riscos tanto com benefícios quanto com os próprios empregos se os resultados não fossem atingidos. Frequentemente, ela desistia de conversar com o time sobre desempenho com medo de magoá-los. A personagem pisava em ovos, por exemplo, com aquela liderada de perfil difícil e posicionamento forte, que se magoava com muita facilidade.

Perceba que Maria tinha dificuldade em dar feedbacks, pois ficava tão absorta nas coisas que a incomodavam que se esquecia de reconhecer, elogiar e agradecer os trabalhos bem executados. E quando o fazia, aqueles não contemplados se sentiam desmerecidos. Cada vez que alguém entrava na sua sala, os demais já temiam o que viria. Ela seguia em frente na sua intenção: perguntava se podia ajudar e sugeria vários treinamentos e leituras visando o desenvolvimento positivo dos liderados. Maria falava, falava e falava, mas parecia que a informação não era devidamente valorizada e absorvida, afinal não era colocada em prática. O estresse causado pela complicação em lidar com pessoas a fazia repetir a máxima: "realmente, trabalhar com pessoas é difícil". Se cada um desse conta da sua tarefa, ficaria mais fácil. No entanto, primeiro a pessoa rejeitava, se defendia e reclamava, para só depois executar o trabalho. A líder percebeu que a resolução de conflitos era mais constante do que trabalhar estrategicamente para o crescimento do negócio.

O desequilíbrio emocional e a falta de controle sobre a raiva, o estresse e a frustração tinham consequências na vida pessoal de Maria. Quando chegava em casa no final do dia, sua energia estava baixa, ela se sentia cansada e a insônia começava a dar sinais de que algo não estava certo. Quanto maior o esforço, maior o estresse. Ela ansiava por alguns dias de férias e, quando finalmente tirava, não descansava porque o celular não parava de tocar. Exames médicos eram só os periódicos do trabalho, e dores de cabeça e no corpo estavam cada vez mais frequentes. Maria estava emocionalmente instável.

Ao ser cobrada por seu superior, ela se sentiu envergonhada e humilhada: discordava do seu gestor e se entristecia ainda mais. A falta de reconhecimento, as cobranças e a pressão que ela sofria – por vezes enfrentando até um tom de voz hostil do seu superior – deixavam-na bastante desmotivada e a faziam pensar em outras possibilidades de trabalho. As doces lembranças de sua promoção e os demais momentos felizes de sua vida nem passavam mais pela sua cabeça. Ela era capaz de sofrer pelo que não tinha dado certo no dia, mas se esquecia completamente de comemorar os acertos diários. Houve situações em que ela achou que receberia algum tipo de feedback positivo ou alguma promoção, mas percebeu que outros colegas que recebiam o mérito.

A vontade de desistir vinha acompanhada por várias questões. "Se eu realmente não for mais trabalhar aqui, para onde eu vou?"; "O que eu vou fazer?"; "Preciso ter um plano B"; "Sem este trabalho, as coisas vão ficar apertadas em casa, meu marido não dá conta de tudo sozinho." E o tempo ia passando, a calma ia retornando e Maria voltava ao trabalho. Cuidado consigo mesma e tentativa de equilibrar todas as áreas da vida? Nem pensar! O relógio anunciava o meio-dia e ela não havia sequer tomado a quantidade de água a que havia se proposto. Na maioria das vezes, o almoço era, na verdade, um lanche. Havia até mesmo ganhado uns oito quilinhos nos últimos anos, mas dizia que exercício físico era coisa para quando os filhos estivessem grandes. Momentos com o marido e encontros com amigos também eram raros. Quando alguém perguntava como ela estava, a resposta era: "Bem, mas numa correria do cão". Havia meses que ela não apreciava o pôr do sol, um dos seus momentos favoritos do dia, ou meditava, o que a acalmava tanto... Seu pai dizia: "Você já observou que todos os dias há um espetáculo diferente e gratuito, que está à nossa disposição? Só por isso já vale a gratidão".

Como se não bastasse tudo isso, seu pai foi parar no hospital. Além de conviver com a preocupação, Maria precisou ajudar nos cuidados com ele. Se antes ela quase não tinha tempo para ficar em casa, agora tinha menos ainda. Lá, nem tudo era 100% maravilhoso, a começar pela dupla jornada.

Maria sabia que precisava ser forte e não conseguia sequer pensar na possibilidade de expor suas vulnerabilidades. Precisava ser competente para resolver sozinha os problemas. Sua autocobrança era elevadíssima. Sentia-se responsável por tudo: sua vida, sua família, todo o trabalho, até mesmo áreas de outros gestores, aí já ultrapassando limites. Consequentemente, algumas questões acabavam mesmo sobrando para ela, e sem real necessidade.

Ela estava inquieta quanto à sua própria produtividade. Sabia que cada hora de trabalho era preciosa e sentia que precisava otimizá-las. Ao mesmo tempo, tinha a impressão de que seu tempo era desperdiçado com reuniões longas demais sem definições claras e com exigências frustrantes de liderados em conversas intermináveis sobre metas não atingidas, erros, reprocessos, conflitos ou comportamentos inadequados. Para completar, a relação estava tão desgastada que mesmo o bom liderado, aquele em quem a empresa investira muito com treinamentos e capacitações, chegou a pedir demissão. O que só confirmava o ditado: "As pessoas não se demitem das empresas, se demitem de seus chefes". E lá ia Maria treinar mais um novato.

Frequentemente, ela se sentia insegura em cobrar seus liderados, sem saber o que iam pensar ou sentir, e assim acabava limitando o próprio sucesso porque não conversava com as pessoas. Ela simplesmente não percebia que o que a maioria dos funcionários quer saber é se estão executando suas atividades de acordo com o esperado, recebendo um feedback do seu líder. Maria conhecia de trás para a frente os processos e as características dos produtos e serviços de sua empresa, mas sentia que lhe faltava o jeito certo de conduzir as conversas. Ela não sabia mais o que fazer para se comunicar de modo assertivo com as pessoas. Estava cansada de ouvir tantas desculpas e justificativas e, por mais que as contestasse, a vida parecia difícil demais para todos. Maria não tinha argumentos que gerassem respostas produtivas.

Não sei você, mas eu vivencio e acompanho experiências de amigos, clientes e alunos como as compartilhadas nesta história. O prazer de crescer na carreira profissional e assumir cargos de gestão acaba perdendo a intensidade no decorrer do tempo e os problemas e as dificuldades cotidianas acabam fazendo com que o líder se veja no "olho do furacão", "sem saída", o que impacta a sua qualidade de vida e até a sua saúde. Se você está pensando que é assim mesmo que funciona, tudo bem, mas se quiser acompanhar a leitura deste livro, acredito que a sua vida poderá ser transformada com uma metodologia simples e prática, minuciosamente descrita aqui.

Para ajudar os líderes que vivem algumas ou muitas dessas circunstâncias no desempenho de sua liderança e que estão dispostos a mudar radicalmente sua performance e conseguir seguidores engajados e comprometidos, tornando-se mais estratégicos no comando, eu passei muitos anos me dedicando ao desenvolvimento e à testagem dessa metodologia, a mais simples e poderosa que encontrei até agora.

O que há de diferente nesta metodologia é que, com apenas cinco passos, você poderá transformar a sua habilidade de questionar e ouvir e passar a conversar com o direcionamento de perguntas que geram respostas adequadas, diferentemente de ordens, conselhos e dicas. Esse método gera mais significado para a outra pessoa, e como consequência, comprometimento recorrente. Assim você evita entrar no "olho do furacão" dos problemas inerentes à liderança e abre espaço para comemorar a sua liderança eficaz.

Costumo utilizar a imagem de um novelo de lã. Você tem pelo menos duas possibilidades para começar a desenrolar um novelo. A primeira é iniciar pelo fio que está por fora, bem aparente, e desenrolar o novelo inteiro para chegar ao núcleo, ao centro. O interessante, nesta opção, é que o tempo todo o novelo fica se movimentando enquanto você puxa o fio, o que favorece a formação de nós na linha. Na segunda possibilidade, você faz o contrário: acha o fio no meio (centro) do novelo, bem interno, e começa a desenrolar. Dessa forma, o rolo fica parado e, quando você menos espera, já o desenrolou inteiro.

Essa imagem metafórica da comunicação da liderança significa que você tanto pode ir se ajustando às situações e resolver os problemas do dia a dia de diversas formas, quanto pode ter uma técnica de iniciar pelo núcleo, ou cerne da questão, o que, provavelmente, facilitará a sua performance em todos os casos. Nas minhas experiências, estudos e pesquisas, sua habilidade de ouvir está neste núcleo.

CAPÍTULO 2
AS ÂNCORAS DE POSICIONAMENTO

EM ALTO-MAR, AS ÂNCORAS SÃO RECURSOS essenciais, seja para dar uma pausa no trajeto, seja em caso de turbulência. Servem como apoio e segurança, e precisam estar facilmente disponíveis para o uso quando houver a necessidade de manter a estabilidade.

A esperança do comandante da embarcação é de que sairá e voltará de uma navegação em condições normais; porém, há sempre o risco de ser surpreendido com situações difíceis.

Os comandantes de equipes e empresas, indubitavelmente, por vezes, precisam lançar âncoras para se sustentar ou se posicionar em muitas situações adversas. Assim como as âncoras de uma embarcação não devem ficar guardadas no fundo do porão, na liderança também é necessário ter o cuidado para não as deixar escondidas. Elas se caracterizam como antídotos ou estratégias de recomposição.

As situações indesejadas, sejam de estresse, sejam de habilidades não desenvolvidas, são inquietudes comuns no meio da liderança. As âncoras primordiais estão embasadas em algumas estratégias de apoio do próprio líder, caracterizadas sobretudo pelas habilidades de autocuidado e de cuidar dos outros.

Inquietudes comuns

As âncoras de posicionamento atuam como estratégias de recomposição dos estados de estresse e devem estar à disposição do líder para os momentos em que as inquietudes surgirem, uma vez que complicações decorrentes do estresse estão relacionadas à vida profissional, familiar e social. Um motivo por que o assunto merece a sua atenção está salientado em uma pesquisa sobre a saúde dos executivos da Sociedade Beneficente Israelita Brasileira Albert Einstein. O levantamento mostrou que 70% dos participantes consideram levar uma vida estressante, e 72% afirmaram ter ansiedade. Os fatores de risco também estão presentes: 76% são sedentários.[1]

---

[1] ALBERT EINSTEIN. Relatório de Responsabilidade Corporativa 2006. Disponível em: <https://www.einstein.br/Documentos%20Compartilhados/relatorio-sustentabilidade-einstein-2006.pdf>. Acesso em: 11 set. 2020.

O estresse afeta diretamente a saúde, podendo causar depressão, transtornos de ansiedade, dores musculares, elevação da pressão arterial e doenças cardiovasculares. O cortisol, hormônio liberado em condições de estresse, pode impactar o sistema imunológico, provocando irritabilidade, oscilações de humor, insônia ou dores e sofrimentos inexplicáveis, diminuindo a motivação. Todos esses efeitos impactam também nas relações sociais e familiares. Um segundo de raiva de uma pessoa já serve para estressar alguém próximo.

No trabalho, é comum que os liderados precisem conviver em um ambiente desafiador, o que pode comprometer os resultados planejados e estimular a busca e/ou a aceitação de ofertas profissionais. Uma pesquisa realizada pela Fundação Getulio Vargas revela o nível de estresse do executivo do alto escalão: "Para 71% dos entrevistados, a troca de empresa é vista como uma possibilidade, considerando o nível de estresse, e 62% deles não se imaginam com a mesma rotina daqui cinco anos".[2] São tantos os indicadores que induzem a pensar que o estresse faz parte do trabalho, que acabamos aceitando naturalmente essa máxima como uma verdade absoluta. Diante disso, é preciso observar que, quando estão exaustos,

---

[2] IBE/FGV. Pesquisa revela o nível de estresse do executivo do alto escalão. Disponível em: <https://www.ibe.edu.br/pesquisa-revela-o-nivel-de-estresse-do-executivo-do-alto-escalao/>. Acesso em: 11 set. 2020.

sobrecarregados ou emocionalmente esgotados, os líderes reconhecem e elogiam menos.

Quando damos o real valor à saúde? Geralmente, apenas quando adoecemos. Quando decidimos viver por longos anos com poucas estratégias de autocuidado, os sintomas aparecem de repente e, consequentemente, aparece a sensação de culpa ou de arrependimento por ter percebido o problema tarde demais. Conforme a ABRH-SP (Associação Brasileira de Recursos Humanos – São Paulo):

> Executivos e executivas atuam sempre em ambientes de estresse intenso e podem encontrar nos exercícios físicos, mesmo numa simples caminhada diária, um momento importante de relaxamento muscular que atenua, sobretudo, a ansiedade, fator de risco elevado para a saúde física de homens e mulheres, principalmente daqueles que tomam importantes decisões. Ter homens e mulheres saudáveis comandando o destino dos negócios é, hoje, uma preocupação das empresas.[3]

Dos entrevistados para a coleta desses dados, 48,73% assumiram-se como sedentários.

---

3   BITTER, Flávio. Saúde dos executivos em xeque. *ABRH-SP*. Disponível em: <https://abrhsp.org.br/conteudo/abrh-sp-no-estadao/saude-dos-executivos-em-xeque/>. Acesso em: 13 set. 2020.

Âncora de posicionamento 1 – Autocuidado

Em algumas oportunidades, perguntei aos meus alunos e clientes quem era a pessoa mais importante de suas vidas. As respostas imediatas que recebi foram: pai, mãe, filhos, cônjuge. Se essa é a sua pessoa mais importante do mundo, provavelmente ela se preocupa com você e lhe deseja o melhor. Se você está alegre quando a encontra, ela sente emoções positivas, considerando que a sua felicidade também a deixa feliz. Da mesma forma que se você está triste, desanimado, é possível que a pessoa sinta emoções negativas (preocupação, frustração...).

Como você quer se apresentar às pessoas que mais ama e que lhe são muito importantes? Para se apresentar com alegria, é preciso muito mais autocuidado e autocontrole do que se preocupar em cuidar e controlar os outros.

Pensando nisso, **a pessoa mais importante do mundo** para você não seria... **você mesmo?**

A partir dessa reflexão, você deve passar a dominar o contexto. E os influenciadores externos, sejam coisas, circunstâncias ou pessoas, vão impactá-lo à medida que estiverem alinhados com os seus propósitos, suas definições. Vamos nomear esse impacto de **relevância ou irrelevância do fato**, que vai merecer mais ou menos atenção e desgaste da sua parte.

Dentre as principais palavras do autocuidado, remetemo-nos ao autocontrole.

O autocontrole é uma variável que você pode dominar. No entanto, mantê-lo torna-se uma tarefa árdua quando se trata de dominar o outro. Caso o seu comportamento tenha como consequência a melhoria da performance do outro, isto é, se você trabalhar estrategicamente com pessoas e demonstrar habilidades de autocontrole e de comunicação, isso significa favorecer um ambiente bom e intelectualmente estimulante. Manter o autocontrole se torna um comando estratégico e de alto nível da sua liderança.

Quanto menos clareza houver do que realmente quer **sentir, pensar** ou **agir**, mais influenciável você será. Se for capaz de definir o nível de qualidade de vida que deseja e focar nisso, manter o autocontrole deixa de ser uma necessidade de esforço repetitivo e se torna algo natural. Se determinada situação for relevante para o seu propósito, você investirá mais energia; do contrário, o que for dito entrará em um ouvido e sairá pelo outro. Quanto mais exposto e vulnerável aos fatores externos e quanto maior a sua necessidade de controlar os outros, mais suscetível você estará a vivenciar o estresse.

O autocontrole é uma forma de cuidar de si mesmo e é uma das primeiras âncoras para você se proteger de acontecimentos que podem colocá-lo em estados emocionais inadequados para a apresentação de uma liderança eficaz. E a sua comunicação (verbal e não verbal) será o indicador da sua habilidade de autocontrole.

Não há dúvida de que o comportamento dos líderes está relacionado ao comportamento e às atitudes dos liderados. O líder é o modelo no qual os liderados vão se espelhar e, muito provavelmente, de quem vão copiar as melhores atitudes. Do outro lado, é comum que a "rádio corredor" esteja trabalhando intensamente para falar das piores ações. Por isso, a sua imagem como líder passa por todos esses filtros. Querendo ou não, tentar ser o líder perfeito acaba criando um fator de pressão e de autocobrança, mesmo que se trate de um objetivo utópico.

Sabemos que cuidar bem de si, do seu corpo – essa máquina superinteligente que não precisa ficar ligada na tomada para funcionar – e do seu lado emocional é uma arte que só você pode dominar do seu jeito e do seu modo. Por mais conselhos e dicas que receba, você é 100% responsável por sua vida. As atitudes ou estratégias de recomposição que aparecem em qualquer pesquisa se baseiam em:

- Compartilhar o que está sentindo com uma pessoa em quem você confia;
- Priorizar e executar somente o que é importante;
- Relaxar;
- Desacelerar;
- Alimentar-se de forma saudável e ingerir a quantidade ideal de água;
- Dormir o número de horas suficiente;
- Praticar exercícios físicos;
- Ter um hobby;
- Meditar;
- Cuidar da espiritualidade.

Além de estar atento ao seu autocontrole para influenciar positivamente as pessoas ao seu redor, você tem grandes responsabilidades e um forte comprometimento com objetivos do seu setor ou da sua empresa como um todo. Assim como o líder espera de seus liderados o mesmo comprometimento e comportamento. O empenho para que os resultados sejam atingidos cada vez mais rápidamente e com cada vez mais efetividade exige o máximo de seus pontos fortes. Mas nem todos mantêm essa performance tão elevada o tempo todo. E o cuidado do líder, nesses momentos, está em manter a equipe paciente, calma e tranquila.

Não espere que o outro cuide de você ou que o outro atenda à sua expectativa sempre. Como você vai dar o melhor de si para sua equipe, seus líderes, sua família e seus amigos se você não SE cuidar?

Para isso, uma das estratégias mais significativas, na minha opinião, envolve identificar conscientemente os pensamentos que o dominam no momento e verificar como você está interpretando cada acontecimento na sua vida. Caso verifique que seus pensamentos o estão conduzindo para sentimentos negativos e desnecessários, que o desviam daqueles almejados, você pode redirecioná-los. Com pensamentos assertivos, você criará emoções positivas e seu comportamento o levará a ser o líder modelo que decidiu ser, com funcionários produtivos. Afinal, um funcionário estressado produz menos e custa mais caro.

Pensando nisso, é de sua responsabilidade compreender de que habilidades inter e intrapessoais você precisa para, então, empregar energia, disposição e foco no seu desenvolvimento. Consequentemente, com essas habilidades bem desenvolvidas, você vai impactar positivamente o comportamento de seus liderados.

Âncora de posicionamento 2 – Cuidar do outro

A partir do momento em que estiver bem resolvido consigo mesmo, você pode começar a pensar em *cuidar do outro* – nesse caso, de seus liderados.

Em meio a tantas responsabilidades, como disponibilizar tempo para dar atenção, reconhecer, elogiar, cobrar, criticar, dar feedbacks e conversar com as pessoas da sua equipe?

Quem ocupa cargos de gestão está sempre comprometido com o resultado, ou seja, entregar o produto ou serviço para o cliente, atendendo à necessidade e à expectativa dele. Um cliente satisfeito indica e repete a compra, por isso o foco no consumidor e nos resultados é sempre listado como prioridade. Mas, para uma liderança eficaz, o fator humano intermediário – que é o capital intelectual da empresa – deveria ser prioridade também. Perceba que suas habilidades comportamentais o guiarão em direção à gestão de pessoas e à liderança.

A revista VOCÊ S/A, de novembro de 2019,[4] aponta as 150 melhores empresas para trabalhar e apresenta as cinco características essenciais para um profissional estar pronto para liderar:

1. **Inteligência social**: habilidade de entender e reagir de acordo com o meio social;
2. **Habilidade emocional:** saber lidar com as emoções dos outros e com as próprias;
3. **Prudência**: capacidade de **ouvir** – e absorver – o ponto de vista de outras pessoas;
4. **Coragem**: ânimo para correr riscos calculados e defender o que acredita;
5. **Bom julgamento**: tomar decisões inteligentes ou liderar com sabedoria um processo decisório.

O livro *Liderança: a força do temperamento*, de Miguel Vizioli e Maria da Luz Calegari,[5] reproduz o resultado de uma pesquisa sobre liderança no Brasil com as principais competências e comportamentos requisitados. As <u>competências</u> essenciais são:

- Comunicação;
- Cooperação e trabalho em equipe;

---

[4] VOCÊ S/A. As 150 melhores empresas para trabalhar. São Paulo, ano 21, n. 11, ed. 258, novembro 2019.

[5] VIZIOLI, Miguel e CALEGARI, Maria da Luz. *Liderança*: a força do temperamento. São Paulo: Pearson Prentice Hall, 2010, pp. 59-62.

AS ÂNCORAS DE POSICIONAMENTO

- Foco no cliente;
- Gestão de mudanças (adaptabilidade);
- Liderança (inspiradora);
- Orientação para resultados (desempenho);
- Pensamento estratégico;
- Planejamento e organização;
- Tomada de decisão (riscos).

As competências são demonstradas através de comportamentos. E os principais <u>comportamentos</u> de liderança são:

- Agregar consensos e administrar conflitos;
- Assumir o papel de *coach*;
- Comunicar clara e objetivamente;
- Criar e sustentar um ambiente de aprendizagem constante;
- Dar feedback claro e objetivo;
- Delegar adequadamente;
- Identificar e desenvolver talentos;
- Influenciar para comprometer;
- Inspirar e motivar;
- Ouvir genuinamente.

A pesquisa foi realizada com mais de 5 mil executivos de diferentes empresas e os resultados estão na tabela a seguir, com um ranking sobre o desempenho dos líderes (escala de 1 a 4 para a nota):

POSIÇÃO	COMPETÊNCIA	NOTA MÉDIA
1ª	Orientação para resultados (desempenho)	2,87
2ª	Gestão de mudanças (adaptabilidade)	2,48
3ª	Planejamento e organização	2,44
4ª	Foco no cliente	2,40
5ª	Visão estratégica	1,78
6ª	Tomada de decisão (riscos)	1,66
7ª	Comunicação	1,56
8ª	Cooperação e trabalho em equipe	1,43
9ª	Liderança (inspiradora)	1,39

A tabela demonstra que a *Orientação para resultados* está em primeiro lugar. Enquanto *Liderança (inspiradora)* é a de pior avaliação. Interessante notar que *Comunicação* e *Cooperação e trabalho em equipe*, ambas relacionadas à gestão de pessoas, também estão nas últimas posições do ranking. Analisando a pesquisa, fica evidente que as competências que tendem a garantir que os resultados sejam atingidos encontram-se nos primeiros lugares. Se invertêssemos o ranking, passando as competências de *Liderança*, *Trabalho em equipe* e *Comunicação* para as primeiras colocações, o líder conseguiria – **com as pessoas** – atingir os resultados esperados.

AS ÂNCORAS DE POSICIONAMENTO

Os autores trazem ainda a pirâmide dos quatro domínios de competências através da treinabilidade, afirmando que:

Os programas costumeiros de desenvolvimento de líderes não têm conseguido mobilizar seus participantes. A atuação em nível cognitivo funciona muito bem para desenvolver competências técnicas, para transmitir informação e conhecimento, porém, não funciona para desenvolver competências comportamentais, aquelas que nossos líderes precisam incorporar.[6]

Fonte: Adaptado de HOGAN, R.; WARRENFELTZ, R. W. Educating the modern manager. *Academy of Management Learning and Education*, n. 2, 2003, pp. 74-84.

---

6   VIZIOLI, Miguel; CALEGARI, Maria da Luz. *Liderança*: a força do temperamento. São Paulo: Pearson, 2009, p. 68.

A pirâmide evidencia que a sustentação de toda a aprendizagem e performance do líder está baseada nas competências *intrapessoais*, para as quais o autocontrole e o autoconhecimento são requeridos, seguidas das competências *interpessoais*, em que o relacionamento e a comunicação estão presentes.

Liderança e *Gestão do negócio funcional* seriam as competências mais fáceis para realizar uma mudança de comportamento através de treinamento. A empresa pode estar investindo maciçamente nesses dois níveis mais altos, porém a mudança profunda e duradoura está nos dois níveis da base da pirâmide.

As competências *intrapessoais* incorporam aspectos relativos à autoestima, consciência dos próprios sentimentos, atitude perante figuras de autoridade e autocontrole, enquanto as *interpessoais* incluem empatia, antecipação de expectativas alheias, habilidade para utilizar essa percepção nos relacionamentos. Habilidades de liderança podem ser resumidas em atrair, reter e motivar indivíduos e equipes, estabelecer visão e inspirar; já as competências – de caráter mais cognitivo do que emocional – são as profissionais, tais como gestão de negócios e formulação de estratégias.

Karina Camini, especialista em desenvolvimento de liderança, destaca em artigo que "As relações interpessoais que envolvem as competências individuais e coletivas devem ter em vista o desempenho de sua ação profissional nas organizações".[7]

---

7   CAMINI, K. A. A importância das competências individuais e coletivas nas organizações: contribuições teóricas. TCC (Trabalho de

Uma das características de uma boa liderança, relacionada à comunicação e à atenção ao seu capital intelectual, é a habilidade em dar **feedbacks**.

Um estudo realizado em 2015 pelo *Top Employers Institute* com 600 empresas de 99 países revelou que os profissionais consideram o feedback como o melhor método para mensurar desempenho. Segundo os dados recolhidos, a tradicional revisão anual de desempenho não é o suficiente para a maioria dos trabalhadores, que preferem retornos mais rápidos e constantes, bem como ter processos mais transparentes no estabelecimento de metas.[8]

A pesquisa feita para o desenvolvimento do artigo de Géssica Ahmann, especialista em comportamento e gestão de pessoas, também salienta o feedback:

> Qual a relevância do feedback aplicado aos seus colaboradores? Com que frequência ele é aplicado? Pode-se perceber por meio das respostas o quanto o feedback é importante para o engajamento do colaborador junto à empresa, possibilitando entender quais as possíveis barreiras que podem estar impedindo o seu crescimento, e que sem sombra de dúvida é uma ferramenta

---

Conclusão de Pós-Graduação em Desenvolvimento de Lideranças) – Universidade do Oeste de Santa Catarina, São Miguel do Oeste, 2016.

8   TOP EMPLOYERS INSTITUTE. Disponível em: <http://top-employers-457460.hs-sites.com/report-summary-performance-management>. Acesso em: 22 out. 2020.

valiosíssima e que deve ser aplicada sempre que possível. Como muitos relataram, aplicam quando percebem a necessidade e conforme os padrões das empresas.[9]

Treinamentos de liderança comumente têm ênfase na necessidade de dar feedbacks. Da mesma forma, as organizações solicitam que seus líderes os ofereçam periodicamente aos seus subordinados. Ainda assim, há uma queixa quase generalizada sobre a escassez dessa prática. As principais justificativas dos líderes estão alicerçadas nos seguintes argumentos:

- Necessidade de executar tarefas mais importantes;
- Medo de magoar;
- Desistência por já ter aconselhado e entregue muitas dicas sem perceber resultados;
- Acreditar que seja óbvio e que cada um sabe o que e como fazer;
- Não ter um passo a passo para seguir;
- Acúmulo de trabalho em razão do tempo despendido no feedback;
- Lidar com pessoas é difícil;
- Acreditar ser perda de tempo.

---

9 AHMANN, Géssica. A importância do coaching para os gestores nas organizações. TCC (Trabalho de Conclusão de Pós-Graduação em Comportamento e Gestão de Pessoas) – Universidade do Oeste de Santa Catarina, São Miguel do Oeste, 2018.

Líder ouvinte

Interessante observar o que Rubem Alves escreveu no conto "A escutatória": "a gente não aguenta ouvir o que o outro diz sem logo dar um palpite melhor, sem misturar o que ele diz com aquilo que a gente tem a dizer".[10]

Os resultados da pesquisa que consta do artigo de Géssica Ahmann destacam a necessidade de ouvir:

> Você se considera um bom ouvinte? E por que isso é importante para você? Todos os gestores relataram que o saber ouvir é muito importante, e o saber ouvir gera relacionamentos. As pessoas possuem uma necessidade de serem ouvidas e, se seu líder tiver essa habilidade, conseguirá conquistar a confiança de seus colaboradores. É notório que muitos ainda possuem dificuldade em ouvir seus colaboradores, pois estão focados nos resultados.[11]

Partindo dessa leitura, posso dizer que talvez você não tenha treinado o suficiente a **habilidade de ouvir** e que isso talvez esteja afetando os seus resultados. Nesse contexto, a única

---

10 ALVES, Rubem. *O amor que acende a lua*. 8. ed. Campinas: Papirus, 1999.

11 AHMANN, Géssica. A importância do coaching para os gestores nas organizações. TCC (Trabalho de Conclusão de Pós-Graduação em Comportamento e Gestão de Pessoas) – Universidade do Oeste de Santa Catarina, São Miguel do Oeste, 2018.

estratégia que lhe falta é um passo a passo, um modelo, uma metodologia que lhe permita fazer as **perguntas** certas.

Nesse turbilhão de informações que o mundo oferece atualmente, esse modelo de perguntas precisaria ser sucinto, prático, repetível, ensinável. E é isso que ofereço neste livro. Nos capítulos seguintes, você vai se deparar com uma metodologia muito simples, que você poderá usar para conversar e melhorar seu relacionamento com as pessoas. Esse método é uma inovação no que tange à autogestão emocional e à condução de equipes e empresas.

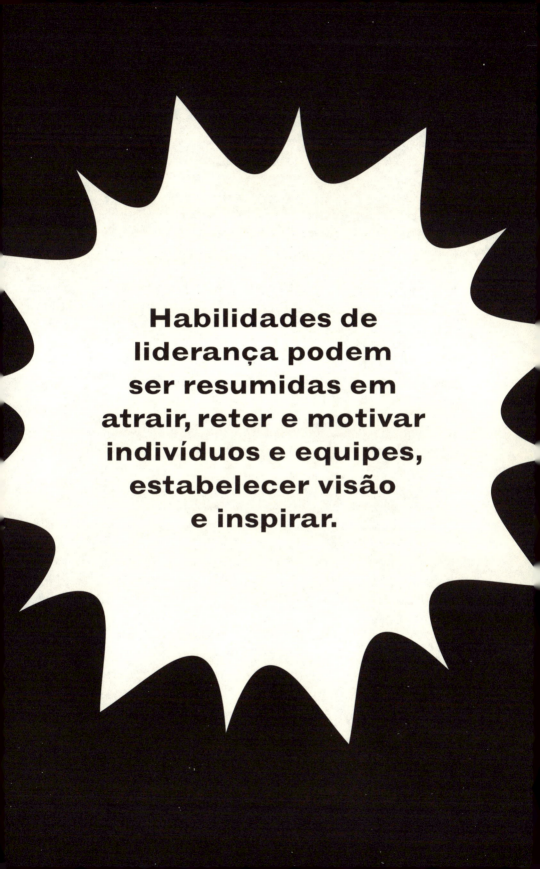
Habilidades de liderança podem ser resumidas em atrair, reter e motivar indivíduos e equipes, estabelecer visão e inspirar.

CAPÍTULO 3
SÓ MUDA DE ENDEREÇO

DE UMA FORMA GERAL, A SOCIEDADE NÃO ensina um líder a ser ouvinte. A forma como cada um atua é muito particular e é fruto de vários aprendizados no decorrer da vida. A maior parte das pessoas tem interesse em crescer na carreira dentro de suas organizações; contudo, alguns não acreditam que podem ou nunca se sentem preparados para assumir cargos de maior responsabilidade. Existem também aqueles que já conquistaram essa condição e, quando se deparam com certas dificuldades, imaginam que sejam maiores do que podem suportar e cogitam desistir do cargo. O mundo clama por líderes. Há uma necessidade cada vez maior de líderes eficazes e felizes.

Embora a liderança realize treinamentos e dedique esforços para oferecer um ambiente agradável e queira o bem dos colaboradores, falhas podem acontecer, até mesmo nas melhores empresas para se trabalhar. Você não está sozinho.

A já mencionada revista VOCÊ S/A enfatiza que os bons resultados só são alcançados quando empregados de todos os níveis se sentem respeitados, ouvidos, estimulados e prestigiados. Para que essa mentalidade seja implementada, é necessário que haja vontade genuína de transformar a empresa em um bom lugar para trabalhar. "Quando isso parte das cadeiras mais altas, cria-se uma cultura de cuidado e desenvolvimento perceptíveis a todos. [...] é isso que realmente vira o jogo de uma empresa".[1]

As 150 melhores empresas para trabalhar já possuem boas estratégias de gestão. De acordo com os pontos de melhoria sugeridos pelos funcionários dessas empresas, relaciono a seguir alguns tópicos que apontam o quanto o capital humano das organizações pede participação e escuta:

- Querem se envolver nos planos de ação das pesquisas de clima;
- Empresa não conta com programa estruturado de ideias;
- Pedem melhorias nos processos internos de comunicação e avaliação 360 graus que só ocorre para certos cargos;

---

[1] VOCÊ S/A. As 150 melhores empresas para trabalhar. São Paulo, ano 21, n. 11, ed. 258, novembro 2019.

- Sentem falta de reconhecimento no dia a dia e pedem mais abertura para sugestões;
- Não participam da definição de metas que são estabelecidas de cima para baixo;
- Melhorar a comunicação sobre recursos;
- Dependência do gestor para implementação do plano de desenvolvimento individual;
- Solicitam bolsas de estudos;
- Solicitam diminuição na burocracia dos processos;
- Percebem lentidão na tomada de decisão;
- Funcionários contam somente com caixa de sugestão para queixas;
- Solicitam retorno do café com CEO;
- A parte operacional sente necessidade de avaliar o chefe;
- Dizem que encontros com a alta liderança são fortuitos e que a empresa poderia ouvir mais os times operacionais;
- Ausência de padronização entre os gestores, que nem sempre falam a mesma língua;
- Os funcionários sentem falta de um acompanhamento mais estruturado e constante.

Primeiras horas de vida e já no comando

Você já deve ter experimentado e certamente tem em sua bagagem (mesmo que bem escondida) várias experiências de liderança. Desde os seus primeiros momentos de vida, você já comandava. Quando bebê, era só chorar que alguém lhe oferecia colo, alimento, uma fralda limpa. No meio da noite, bastava acordar que sua mãe, seu pai ou seu responsável prontamente pulavam da cama, sem perceber que estariam perdendo sono e que no dia seguinte teriam que trabalhar. Você havia se tornado a prioridade da vida deles.

Em alguns momentos, uma boa conversa com seus pais já era o suficiente, mas, provavelmente, alguém já gritou com você quando percebeu algum perigo ou quando você não obedeceu. Se ainda assim você continuasse a aprontar, a bagunçar, a desobedecer, talvez alguns castigos já tenham sido aplicados na sua casa.

A "educação", os valores e/ou os limites que você foi recebendo desde seus primeiros anos estavam cheios de intenção positiva de quem o estava educando e lhe deram condições de viver feliz e conviver em sociedade. Seus pais ou responsáveis aprenderam com seus avós, observando outras famílias ou mesmo lendo. É certo que pais de primeira viagem só saberão como é a rotina de criar um filho a partir do momento que tiverem um. Mesmo que tenham preparado um quartinho, se o bebê chorar muitas noites seguidas ou se a mãe precisar amamentar de madrugada, provavelmente esses pais vão levar a criança para o quarto (o berço estará ao lado da cama).

Mesmo que você diga que nunca dará uma chupeta, se o seu neném chorar muito, você provavelmente vai tentar essa estratégia para acalmá-lo. Antes de ter seu filho, você vai observar o comportamento de outras crianças e pensar: *eu quero* um filho assim ou essa criança está precisando de umas palmadas. Talvez você critique o método de educação dos pais daquelas crianças travessas. O fato é que você vai passar por essa experiência para ratificar aquilo em que acredita ou mudar absolutamente seu modo de pensar e agir. Quando chega a sua vez de ser pai ou mãe, seus pais e muitos ao seu redor vão lhe dar dicas e conselhos, mas você vai querer fazer do **seu jeito**.

Na minha primeira gravidez, eu estava preparada para ter uma filha calma e tranquila. Fazia mil planos. Quando ela nasceu, toda essa preparação foi por água abaixo, porque ela chorava por muitas horas. Minha mãe, que teve catorze filhos, dizia: "Calma, quando ela tiver 3 ou 4 anos, isso passará". Eu ouvia essas palavras e pensava: *quanto tempo, meu Deus... três anos???* Parecia uma eternidade. Mas minha mãe tinha razão. E adivinhe: hoje uso as mesmas palavras para as famílias em situações semelhantes.

Primeiros passos com independência

Em seguida, aquela criancinha começa a conviver em sociedade para além da família, na escola, com amiguinhos. Ela poderá ou não passar por dificuldades em relacionamentos e por inseguranças. Poderá se tornar um aluno com boas notas e dedicado ou aquele cujos pais são chamados diversas vezes à escola para os feedbacks de melhoria de comportamento. As críticas, e até o próprio *bullying*, sempre existiram e sempre vão existir. Além de ensinar as crianças sobre respeito e olhar com igualdade o próximo, precisamos formar filhos e alunos fortes, que entendam e aprendam a lidar com o outro.

A escola provavelmente tem suas normas e valores aos quais os alunos precisam se adaptar. Individualmente, cada professor segue as normas da escola e aplica os métodos de aprendizagem que aprendeu na faculdade – e ainda tem as suas crenças e valores. Há professores que deixam marcas inesquecíveis na vida dos alunos, alguns são mais admirados e outros, menos. O mais incrível é que os que mais marcam são aqueles que têm brilho nos olhos quando ensinam, que realmente **conhecem** o conteúdo, permitem pôr a mão na massa, fazem **experiências**, são **amigos** e também são **firmes** e rígidos quando necessário.

Quanto aos estudantes, em algumas escolas ainda existe a figura do aluno "líder de turma", escolhido pelos próprios colegas. Quais os critérios para que sejam eleitos? Os próprios colegas já começam a eleger pessoas que se destacam dentro da sala de aula. Algumas características que vão marcar toda a vida futura já aparecem nesse momento, em um líder para uma turma inteira. Quando a turma está muito agitada, esse líder tem um papel auxiliar de pedir silêncio em assistência ao professor. Quando o professor precisa de ajuda, solicita ao líder. Esse aluno já tem algumas "atribuições importantes". Esse aluno não questiona a relevância e a importância da tarefa, apenas aceita e faz porque acredita que é tarefa do líder. Os colegas o aceitam porque o veem como uma referência e o elegeram democraticamente. Dependendo do desempenho, no ano seguinte pode ou não ser reeleito.

E, assim, a formação de cada ser humano vai passando por aprendizados tão sutis que nem sabemos como ou de onde aprendemos e acreditamos em determinadas coisas. Tanto em casa quanto na escola, tenho muitas lembranças de elogios que eu recebia, e como eram importantes... Para mim, significavam muito. Também ressurgem as lembranças de como fomos ensinados a agradecer e a respeitar o outro.

Outro grande aprendizado que vem desde os primeiros anos é o **foco dos pensamentos e sentimentos**. Por exemplo: uma mãe pode estar muito brava por causa de algum comportamento do filho, mas basta ele se machucar que essa raiva passa imediatamente. Na minha casa, quando alguém reclamava de dor, brincávamos dizendo: "se está com dor de cabeça, dá uma martelada no dedo do pé, que a dor na cabeça passa".

Seus experimentos em perguntas

E aquela fase em que as crianças querem entender tudo do mundo e não se cansam de fazer perguntas repetidas vezes? Eles realmente querem entender o funcionamento do mundo.

— Mãe, a minha amiguinha pode vir aqui hoje?
— Não, hoje não pode.

— Por que não pode?

— Porque amanhã tem aula.

— Por que não pode vir se amanhã tem aula?

— Você tem os deveres de casa para fazer.

— E se eu fizer os deveres depois, você deixa a amiguinha vir?

...

— Mamãe, quero comer chocolate.

— Não, agora é hora de comer fruta.

— Por que não posso comer chocolate, mas posso comer fruta?

— Porque fruta é saudável.

— Por que existe chocolate se não é saudável?

Com a sabedoria que tem ou que aprende a ter, cada mãe vai conduzindo as respostas. E sabemos como é difícil fazer essa sequência de perguntas terminar. Por vezes, cedemos, não é verdade? Ainda mais se a avó estiver por perto: "Ah, dá um pedacinho de chocolate, querido". Ou alguém irritado do lado: "Dá logo pra parar de incomodar".

Na escola, por sua vez, os alunos vão perguntar da mesma forma, mas, se todos fizerem tantas perguntas, os professores ficarão perturbados. Muitas vezes, a pergunta de um vai esclarecer a dúvida de outro. Para alguns, a sua hora de fazer perguntas não chega nunca, ou fazem e são satirizados, recebem críticas dos colegas pela questão ter sido simplória ou insignificante. Se esses forem os mais quietinhos e tímidos, não farão mais perguntas, ou vão diminuir o número de participações em sala, com medo de serem ridicularizados, julgados ou criticados. Mesmo que não elaborem perguntas ao professor de forma tão correta, outros alunos tiram suas dúvidas e não dão tanta importância ao que o colega diz. Logo, sempre que o professor abre espaço para questionamentos, parece que são sempre os mesmos que perguntam.

Modelos oriundos de líderes e mentores

Então, chega a fase das suas primeiras experiências profissionais. Antes de pensar em você como líder, vamos pensar em você **como liderado** — afinal, geralmente poucas pessoas se tornam líderes de equipe e de empresas na sua primeira experiência profissional.

Provavelmente, você já foi subordinado a alguma pessoa em posição de liderança. Seus primeiros passos devem ter passado pelo aprendizado das tarefas sob a orientação de algum mentor, fosse em um parque fabril, fosse em uma empresa comercial, de tecnologia, de prestação de serviços etc. O comportamento de um liderado, nesse período, revelará ao líder se esse profissional deverá ser indicado para futuras seleções internas ou externas. Ser cortês e empático, gostar de ajudar os outros e a empresa a atingir os resultados projetados são características desejadas. Seu alto nível de entusiasmo, a finalização de tarefas antes do prazo e com um pouco mais de informação ou qualidade, ou a correta execução de determinada tarefa já pela primeira vez são atitudes que poderão causar surpresa nas pessoas que o estão acompanhando. É assim que você vai conquistando seu espaço.

Ao mesmo tempo que está sendo "avaliado" constantemente, você também está absorvendo os modelos com que cada um de seus líderes atua e definindo aquele que faz mais sentido para você – como a forma que você mais gosta de ser tratado – de modo muito automático. A própria empresa também o direciona por meio das regras e dos planejamentos e, oportunamente, dos treinamentos.

O tempo passou, você foi notado e recebeu uma promoção. A partir daí, começa a exercer as primeiras lideranças formais. Em um primeiro momento, você terá um mentor, alguém que vai orientá-lo e ajudá-lo quando sentir necessidade. Quando houver alguma dúvida ou problema, você levará a questão para o seu líder lhe mostrar o caminho ou dizer o que fazer. Como esses líderes já passaram pela fase de liderado, agora têm uma grande facilidade em transmitir conhecimento para você. Os líderes que costumam dar ordens, conselhos e dicas através de afirmações provavelmente desconhecem os segredos das perguntas que geram respostas mais adequadas aos resultados esperados.

Conforme afirma Warren Berger, em *Uma pergunta mais bonita*, os líderes ascenderam porque eram bons em responder, mesmo sendo péssimos em fazer perguntas. Ele afirma que "A coisa mais importante que os líderes de negócios devem exercitar hoje em suas empresas é a função do 'chefe que pergunta'".[2] Acontece que as escolas não ensinam métodos de conversas através de perguntas, e isso ainda não está inserido no cotidiano das empresas e da liderança.

Essencialmente, os líderes aprendem se projetando em outros (seus mentores ou superiores hierárquicos) e nos estudos que fazem. Os aprendizados estão baseados em formas tradicionais, utilizadas e replicadas inúmeras vezes, e em dar ordens, conselhos e dicas, ou seja, em um discurso argumentativo afirmativo. O poder da liderança também sugere que se a ordem foi dada é para ser executada. Quanto mais problemas e erros vão aparecendo, mais as empresas vão inserindo controles e regras rígidas. Os problemas relativos à definição de estratégias sempre ficam a cargo do líder – o que, de certa forma, impede o seu crescimento, considerando que não poderá liderar uma empresa, ou um time muito grande, em função do tempo que precisa destinar para cada detalhe.

Lembre-se: você já tem uma bagagem de conhecimento, de experiências e desempenho, que foi acumulada ao longo da vida, mas isso não significa que você está pronto para o exercício da liderança. Assim como pais de primeira viagem, você vai começar a sentir na pele os desafios somente quando realmente estiver sentado na cadeira de líder. E você vai resolver do seu jeito; algumas vezes com sucesso, outras não.

---

2   BERGER, Warren. *Uma pergunta mais bonita*: as perguntas dos criadores de Airbnb, Netflix e Google. São Paulo: Editora Aleph, 2019, p. 188.

"Faca de dois gumes" da gestão

Ao mesmo tempo que sabe muito sobre os produtos ou serviços da empresa, dos quais gosta e com os quais atua bem, como líder você tem novas atribuições com foco nas atividades estratégicas para a obtenção de resultados eficazes e em lidar com as pessoas para que elas façam aquilo que precisa ser feito. Mas é mais fácil cuidar do operacional – que você já conhece – do que do estratégico. Talvez diga coisas do tipo: "Isso é rápido, vou fazer agora", "Deixa que eu resolvo, já fiz isso outras vezes", "Se eu fizer, além de ser mais rápido, eu tenho certeza de que vou fazer certo, afinal, o atraso e os 'reprocessos' custam muito caro", "Essas coisas que eu preciso pensar mais vou fazer depois". Nesse ínterim, acontecem os imprevistos e o "depois" acaba não acontecendo. Ainda assim, seu comprometimento é tão intenso que você quer a todo custo atingir os resultados.

Sabemos que para realmente se integrar aos novos padrões é preciso prática e repetição. Mesmo que a empresa ofereça treinamentos em liderança ou que você se aperfeiçoe lendo, fazendo cursos e até mesmo uma pós-graduação, como a demanda de trabalho é alta, você acaba não aplicando os conhecimentos na prática e acaba deixando de lado aquelas informações. O tempo curto somado à sua falta de experiência nas novas tarefas fazem com que você entre no ciclo da faca de dois gumes, ou seja, você fica dividido entre o que já domina e o que ainda precisa dominar, pois tem poder para atuar nos dois campos. Tão logo essa rotina começa a fazer parte da vida, quando se dá conta, você está entregando quase as mesmas coisas que entregava antes de ocupar cargos de liderança e está mais sobrecarregado.

Eu não acredito que líder nasça líder. A liderança é uma habilidade que pode ser aprendida e desenvolvida. Dependendo do perfil, para algumas pessoas, ser líder é mais desafiador. Afinal, quantas vezes precisamos fazer o que não gostamos? E o quão gratificante esse desafio se torna quando conquistado?

Uma das primeiras entregas esperadas desse líder é direcionar a equipe e o negócio para o rumo certo. Então, você começa a implementar diversas estratégias para que essa condução seja a melhor possível, tais como orientar e passar informações de acordo com os planejamentos ou de acordo com aquilo que você acredita ser o rumo certo. Mas qual modelo de comunicação você utiliza para engajar e ter a confiança da sua equipe? Quanto tempo investe por dia, semana, mês, ano para conversar com seus liderados, para saber deles? Talvez ninguém – nem em casa, na escola ou mesmo nas suas primeiras experiências profissionais – tenha lhe ensinado a conduzir determinadas perguntas de modo que possam ajudá-lo a medir resultados e que possam ser usadas muitas vezes, com muitas pessoas diferentes dentro da mesma equipe. Não é surpresa se a sua prática de orientar a equipe envolve inúmeras afirmações, ordens, comandos, regras, palpites, dicas e conselhos. Então, você começa a perceber alguns desvios dos seus planos. Por exemplo: você combinou uma tarefa que seria feita de determinada forma, em um prazo preestabelecido e os liderados não a entregaram do modo esperado. Em seguida, você percebe que precisa cobrar ou dar feedbacks aos liderados, mas, ao mesmo tempo, tem medo de como eles vão reagir e não tem tempo para ficar remoendo situações com eles. Você começa a perceber também que os negócios não acontecem na quantidade esperada, que erros e problemas internos estão surgindo, e clientes estão irritados e reclamando. Se você sabe fazer aquela tarefa, provavelmente vai pôr a mão na massa, porque é mais rápido e fácil fazer você mesmo do que ensinar. A partir daí, um líder começa a precisar muito de paciência e resiliência.

Voltemos à história da Maria. Na empresa, trabalhavam seis líderes. Maria acreditava que realmente formavam um time, pares de um organograma. Apoiavam-se, pois formavam uma equipe que, unida, conduziria a empresa aos resultados esperados, e por isso precisavam ser como mosqueteiros, "um por todos e todos por um". Maria aprendeu com os outros líderes, seus pares, e teve um *insight* para dar atenção aos modelos que seus colegas gestores estavam utilizando: entender qual era o padrão de comunicação deles. Ela poderia compreender melhor as queixas, as dores dos colegas e, quem sabe, contribuir com eles.

Lembro-me de uma história em que um colega meu, também gestor de uma equipe, começou uma conversa com um liderado dele da seguinte forma:

— Qual é a sua dificuldade?

— Não consigo me organizar para fazer todas as ligações que tenho que fazer no dia. Quando começo a conversar com o cliente, até consigo conversar legal sobre o tempo ou o jogo de futebol do time preferido dele, mas na hora de falar do produto e do preço, se ele me disser que não está interessado, ou que já tem outro fornecedor e está muito bem atendido, que não quer trocar ou que o preço está caro demais, começo a gaguejar e mal consigo dizer o que preciso. Mesmo assim, pergunto se ele quer fechar o negócio. Os clientes quase sempre dizem que vão pensar ou vão conversar com alguém para tomar a decisão.

— Então, você já sabe o que precisa fazer! Este mês você tem que atingir as metas. Agora vai lá e dá o seu melhor.

Perceba que esse colega gestor – o que mais consegue gerar resultado na empresa – até fez perguntas, mas as respostas que recebeu focaram nas dificuldades e problemas do liderado e geraram uma situação desconfortável para o funcionário, que provavelmente saiu de lá mais pressionado do que motivado.

Essa foi a interação com outro colega gestor:

— Fiquei sabendo que estão acontecendo alguns probleminhas contigo. Você chegou várias vezes <u>atrasada</u>, <u>sempre deixa algo sem lançar no sistema</u> de cada processo que você faz e alguém tem que gastar tempo para verificar e corrigir. Fica no <u>celular</u> várias vezes ao dia. Eu sei que esse trabalho é importante para você, inclusive, até sua mãe pergunta como você está no trabalho cada vez que me encontra, diz que você precisa muito desse emprego e agradece a oportunidade de estar aqui. Então, eu te digo: <u>você tem que melhorar tudo isso</u>. Faça por merecer, menina. Saia antes de casa para dar tempo de chegar aqui no horário e se concentre no que está fazendo.

Novamente percebe que deve haver um jeito melhor de conduzir essas conversas. Maria coletou subsídios para fazer suas análises. Observando líder e liderado em modelos de abordagens. Possivelmente, você também observou outras pessoas e aprendeu com elas, construindo o seu próprio modelo de comunicação.

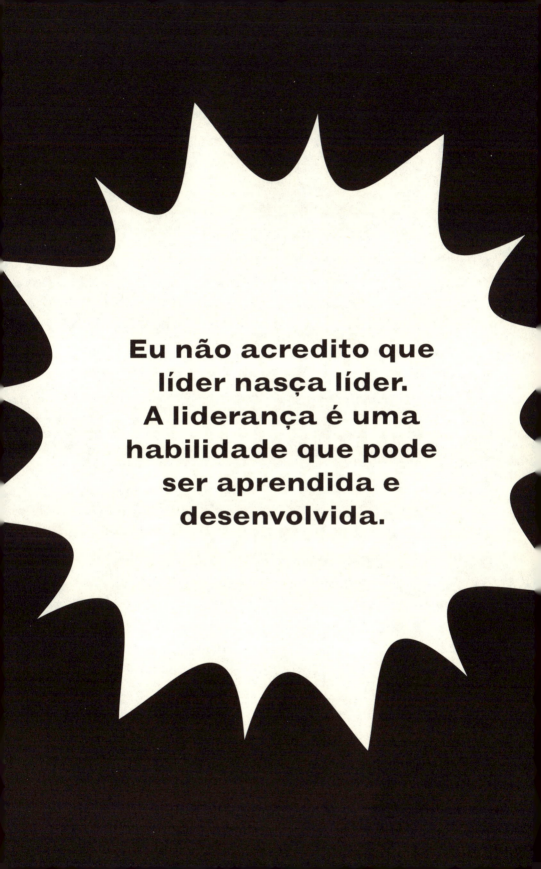

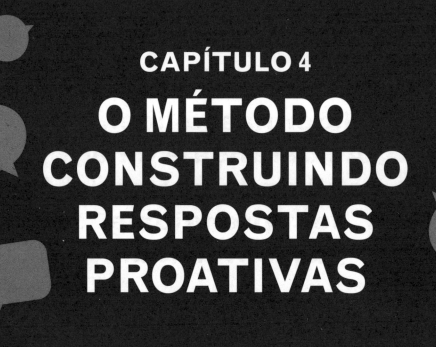

CAPÍTULO 4
O MÉTODO CONSTRUINDO RESPOSTAS PROATIVAS

TUDO SE ENCAMINHA PARA QUE CADA LÍ-der possa acessar a sua *caixa de ferramentas*, ou seja, a sua bagagem de estratégias capazes de engajar as pessoas nos objetivos comuns, uma metodologia de comunicação que facilite suas abordagens, relacionada especificamente a perguntar, estimulando, assim, a sua habilidade de líder ouvinte e, através disso, impactar fortemente na motivação para o desempenho dos liderados.

O que realmente importa para despertar a motivação intrínseca?

Edward L. Deci e Richard Ryan definem que a teoria da autodeterminação se baseia em três necessidades psicológicas básicas que auxiliam os indivíduos na tomada de decisão.[1] A primeira é a de **competência** (os indivíduos possuem a necessidade de sentirem e demonstrarem suas competências), a segunda é a de **autonomia** (os indivíduos possuem a necessidade de escolher as atividades que irão realizar para que assim a sua motivação seja positiva, visando que tenham um controle das suas ações) e terceira é a **conexão** (os indivíduos possuem a necessidade de pertencer a um grupo ou a uma organização). Essas três necessidades são integradas e interdependentes. Desse modo, a satisfação de cada uma delas reforça e fortalece as demais.

Sabendo dessa teoria, o que faz sentido agora é perceber que cada ser que está com aquele líder precisa satisfazer essas três necessidades psicológicas para decidir, por si só, entregar o seu melhor sistematicamente. E eu precisava encontrar uma fórmula simples que atingisse esse alvo rapidamente.

Gravamos 20% do que ouvimos

Outra análise importante é sobre como as pessoas retêm o que aprendem. Dependendo da forma como o líder ensina ou transmite a informação, o liderado grava mais ou menos o que foi dito.

---

[1] WIKIPÉDIA. Teoria da autodeterminação. Disponível em: <https://pt.wikipedia.org/wiki/Teoria_da_autodetermina%C3%A7%C3%A3o>. Acesso em: 11 set. 2020.

Um líder tem sabedoria e conhecimento suficientes para ficar horas conversando com alguém sobre o que e como fazer para ter os melhores resultados. Mas como já discutimos, nem todos entendem da mesma maneira. Além disso, **somente 20%** do que ouvimos são realmente registrados. Seria muito fácil para o líder ensinar e aconselhar, mas isso talvez signifique um excesso de informação para o liderado memorizar.

Uma teoria do psiquiatra norte-americano William Glasser apresenta a Pirâmide de Aprendizagem,[2] mostrando os seguintes índices acerca de nossa capacidade de aprendizagem, dependendo de como esse conteúdo nos é exposto:

Aprendemos:

- 10% quando lemos;
- 20% quando ouvimos;
- 30% quando vemos;
- 50% quando vemos e ouvimos;
- 70% quando discutimos com os outros;
- 80% quando fazemos;
- 95% quando ensinamos.

---

2 ATIVIDADES PEDAGÓGICAS. A Pirâmide de Aprendizagem de William Glasser. Disponível em: <https://atividadespedagogicas.net/2018/10/a-piramide-de-aprendizagem-de-william-glasser.html.> Acesso em: 11 set. 2020.

Observe que 70% de aprendizado acontece quando discutimos com os outros e quando realmente colocamos a mão na massa praticando o conhecimento, conseguimos aprender 80%.

A grande sacada

Por que seria tão importante ter uma maneira repetível e ensinável de conversar através de perguntas certas? Para que as necessidades psicológicas sejam satisfeitas e que o percentual de aprendizagem seja alto.

Os líderes são chamados cada vez mais ao desenvolvimento da habilidade de humanizar a gestão de pessoas. A habilidade de ouvir, sendo um dos itens da comunicação assertiva de um líder, ainda é muito pouco estimulada e ensinada. Aquele líder capaz de ouvir, direcionando as perguntas a fim de as pessoas acessarem o "seu melhor" para gerar as respostas, é igualmente capaz de transformar vidas.

Para ouvir mais, fazer perguntas passa a ser mais importante e assertivo do que afirmar. A habilidade necessária está em elaborar perguntas. As perguntas certas promovem a migração de situações de negatividade para positividade, de baixa para alta autoestima, de sensação de incapacidade para a sensação de competência, de pressão para comemoração de resultados, sem que a cada momento o líder precise ficar cobrando desempenho.

Quais as melhores perguntas? As pessoas precisam "querer" fazer, e fazer extraordinariamente bem qualquer tarefa que mereça ser feita. Qual é a centelha que acende a chama da motivação individual, capaz de, sinergicamente, chegar a resultados que sozinho seria praticamente impossível?

Para descomplicar esse emaranhado de características que compõem a sua vida na liderança, você vai aprender e praticar apenas <u>um detalhe</u> na sua comunicação, elevando a sua habilidade de ouvir: fazer as perguntas certas. Líderes que fazem as perguntas certas direcionam a equipe e o negócio ao rumo certo.

Você pode pensar que não precisa ler isso, afinal, todos nós sabemos fazer perguntas. Mas você conhece um passo a passo que já foi testado e comprovado? Um passo a passo para fazer as perguntas certas demonstra que são os detalhes que fazem toda a diferença.

Liderar é quebrar a homeostase de cada liderado, levando-o a ultrapassar seus limites de corpo e mente e a alcançar patamares motivacionais positivos que sozinho jamais pensaria em chegar.

O que é ultrapassar seu limite de corpo e mente? Você consegue se lembrar de uma comemoração de seu time favorito depois de uma grande vitória? O que essas pessoas são capazes de fazer? Imagine um time de vôlei no exato momento em que o último ponto acontece. Cada atleta do time vencedor pula, abraça, corre, sorri. São alguns segundos mágicos em que esse atleta ultrapassa seu limite de corpo e mente porque pula mais alto do que o normal, porque abraça todos de uma só vez.

Para ter a oportunidade de transformar uma pessoa com uma conversa da qual ela saia se sentindo melhor do que quando iniciou, mais focada no que realmente gostaria de concluir naquele dia, verdadeiramente comprometida, gostando tanto de trabalhar com aquele líder que seria capaz de defendê-lo, de brigar por suas ideias. Ela precisa ter o crédito do mérito, a pessoa precisa se sentir competente. Ela também precisa estar convicta de que teve e terá autonomia, afinal, quem estaria falando e entrando em ação seria ela. O líder serve como seu relacionamento de apoio.

Então, estudei, investi em muitos treinamentos e cheguei à primeira versão deste método. Fiz testes iniciais e tanto com minha família quanto com meus liderados, comigo mesma e com todas as pessoas com que tive a oportunidade de experimentar essa técnica percebi que funcionava de verdade. Era tão sólido e meus resultados estavam me surpreendendo tanto que comecei a utilizar com meus clientes e alunos. Obtive depoimentos inimagináveis e inquestionáveis de vários deles. Nas aulas, eu tinha a atenção dos alunos por horas seguidas. Então, o método tinha que ser bom. E, ao final dessas aulas, eu recebia testemunhos das pessoas sobre o quanto tinha valido a pena para a pessoa aprender e poder praticar o modelo naquele determinado momento da sua vida profissional.

Todas essas comprovações me motivaram a escrever este livro e entregar este conteúdo a mais pessoas. É muito simples, qualquer um pode praticar. Comece agora considerando dois pontos importantes:

1) O líder é esperto em ouvir e questionar, ou seja, tem as habilidades para fazer com que seu liderado tenha satisfeito as suas necessidades psicológicas para a motivação, sentindo-se autônomo, competente e tendo o líder como seu relacionamento de apoio.
2) O próprio líder é esperto em fazer perguntas para si mesmo, se mantendo bem posicionado, ou seja, sente-se competente, autônomo e com relacionamentos de apoio.

O ponto número 1 mostra que para fazer com que a pessoa tenha a sensação de ser "dona da ideia", tenha autonomia para idealizar e conduzir, bem como tenha o líder como seu relacionamento de apoio, o líder não pode estar "pisando em ovos", falando com cada um de um jeito diferente, mais conveniente para um que para outro, mas precisa ter um modelo de comunicação que atenda à expectativa da maior parte das pessoas. Aquela verdadeira sensação de sair da conversa melhor do que chegou.

Assim, comecei a intensificar meus estudos e minhas experiências em instigar as pessoas a perguntar. Identifiquei que o questionamento, quando acontece, ocorre depois de várias afirmações e explicações, passando longe do pensamento imediato das pessoas.

O importante é identificar o padrão de fala que você utiliza principalmente em situações de cobrança de desempenho ou de melhoria de determinados comportamentos. E inclusive analisar quais são as palavras ou frases que você utiliza e se esse discurso é acompanhado de afirmações ou de perguntas.

Se você está exercendo o seu papel de líder, conduzindo sua equipe e seu negócio para os resultados esperados, acredito que você queira contar com o melhor de cada pessoa envolvida. Então, já imaginou você ser capaz de estimular a motivação intrínseca dos seus liderados e conseguir que eles ajam como voluntários e com um ambiente de trabalho onde todos se sintam com elevado bem-estar?

Quais seriam as suas habilidades para que isso se torne realidade? Estrategicamente, o líder dispõe de várias alternativas para se expressar, que incluem afirmações, informações, dicas, regras, ordens, conselhos ou perguntas. E utiliza a forma mais adequada, dependendo dos fatos e situações. Para conquistar seguidores verdadeiramente engajados, a estratégia mais eficaz é permitir que o liderado fale. E, neste caso, a habilidade necessária ao líder é questionar e ouvir com verdadeiro interesse pela pessoa e pelo assunto.

Alguém que olha e escuta você enxergando-o como uma pessoa de potencial, que consegue criar soluções e que valoriza a sua competência, será um líder admirado, uma pessoa que o liderado vai querer nos seus relacionamentos de sucesso. Sem contar que o funcionário pode entregar mais do que o líder espera dele. Como consequência, o líder impacta positivamente a sua vida e a vida das pessoas à sua volta.

Com relação ao item 2, o líder pode fazer perguntas para si mesmo, como sua própria estratégia de sucesso. Essas perguntas têm o poder de manter o líder firme, bem posicionado, com as evidências de suas competências claras, percebendo o quão autônomo é e com quantos relacionamentos de apoio pode contar. Essa habilidade tende a manter aquele que conduz em alta performance e bem-estar, com aprendizados constantes. Por demonstrar essas características, também é admirado.

O método Construindo Respostas Proativas

O método Construindo Respostas Proativas eleva sua habilidade de fazer as perguntas certas e, nos próximos capítulos, vamos mergulhar nesse aprendizado. Para esse método ser absorvido e incorporado, de uma forma divertida, interessante, desafiadora e prazerosa, eu o desenvolvi de maneira dinâmica.

Você precisará passar por apenas cinco níveis. Cada um deles contém detalhes comuns do dia a dia, com uma leitura simples e exemplificada, propondo que você faça a sua prática em cada nível. Lembre-se de que, quando pratica, também abre a perspectiva de elevar o seu percentual de aprendizagem. Algumas regras para a elaboração das perguntas certas são construídas passo a passo. Ao atingir o Nível 5, você terá concluído todo o método e estará pronto para atuar como um excelente líder ouvinte: aquele que sabe fazer as perguntas certas.

CAPÍTULO 5
NÍVEL 1: A OBJETIVIDADE PRODUTIVA

VAMOS COMEÇAR A JOGAR AO MESMO TEM-po que compreendemos o funcionamento do jogo e criamos as regras que nos permitirão avançar para o próximo nível.

Pense em alguém lhe dizendo: "Não coma pipoca hoje" quando você está com muita fome. Ao ouvir essa informação, imediatamente seu cérebro forma a imagem mental de uma apetitosa pipoca. Na sua cabeça, esse alimento já tem cor e forma. Se você gosta de pipoca, pode estar salivando agora. Se realmente não puder comer pipoca, você terá dois trabalhos: apagar a imagem mental da pipoca e criar outra para substituir a primeira. Então, imagine como seria já dizer <u>o que realmente você quer no primeiro comando</u>. Uma hipótese aqui seria considerar a possibilidade de comer uma fruta: "Coma morango hoje". Da mesma forma, o cérebro do seu interlocutor já forma a imagem mental do morango.

Funciona assim também com as perguntas: você orienta o cérebro do seu interlocutor para focar nas palavras emitidas. Dessa maneira, sua produtividade melhora significativamente com a possibilidade de você expressar na primeira mensagem o que realmente quer do seu liderado. De uma forma geral, as pessoas têm clareza do que não querem, mas, por vezes, faltam palavras para especificar o que de fato desejam.

E aqui está o primeiro passo para dar o *start* nesse jogo. O mais importante dessa primeira reflexão é que as palavras que você usa para compor suas perguntas devem dizer exatamente o que você quer comunicar, e não o contrário. Observe o exemplo da seguinte pergunta: "Por que você **não atingiu as metas?**". O "não atingiu as metas" não é, por acaso, exatamente o que você não quer mais desse colaborador?

A objetividade produtiva está na cabeça do líder antes de este emitir qualquer palavra, e há apenas duas regras: a clareza do objetivo e a atribuição da responsabilidade.

A clareza do objetivo

Preste atenção a este detalhe: alguns líderes dizem que não vão direto ao ponto porque têm a necessidade compreender *o que* e *por que* aconteceu. Dizem que, como líderes, precisam conhecer o passado para só então direcionar o futuro, e que se não explorarem o que aconteceu antes, pode parecer que estão sendo ásperos ou hostis.

NÍVEL 1: A OBJETIVIDADE PRODUTIVA

Em um primeiro momento, até podemos concordar com eles, mas estou considerando aqui a objetividade produtiva. E objetividade produtiva demanda que você tenha clareza do que deseja, do que espera, do real motivo para iniciar uma conversa com alguém e da quantidade de tempo que está disposto a investir nessa conversa.

As perguntas mais comuns dos líderes que gerarão respostas inversamente proporcionais ao resultado que se espera de um liderado são:

"Por que você não veio?"
"Por que não entregou?"
"Por que isso aconteceu?"
"O que aconteceu?"
"Quem foi o culpado?"

Agora, convido você a pensar em duas palavras: INTENÇÃO e OBJETIVO.

Intenção: Quando vai conversar com alguém com o objetivo de fazer com que a performance dessa pessoa melhore, você tem uma intenção altamente positiva que merece a sua dedicação. A conversa será necessária se minimizar ou mitigar novas ocorrências do fato. "Se a pessoa melhorar, vai produzir mais e se sentirá mais feliz." "Vai ser melhor, porque não precisará cobrá-la novamente." "A equipe e o ambiente de trabalho ficarão melhores, porque a pessoa vai estar no mesmo nível dos demais." "Os resultados esperados tenderão a acontecer."

Desconheço líderes que tenham intenção negativa ao conversar com seus liderados, mas, quando comunicada de forma inadequada, uma intenção gera uma interpretação que pode soar negativa para a outra pessoa.

A intenção de pais e mães é extremamente positiva quando precisam corrigir seus filhos, querem o seu bem acima de tudo, mesmo quando gritam com eles.

Durante uma conversa, normalmente nos remetemos ao passado e à origem do problema e ao que não queremos mais: "Por que você **não fez?**". Observe que essa pergunta não gera alternativas de mudança de comportamento.

Portanto, para comunicar sua intenção adequadamente, pense no seu objetivo com a conversa.

Objetivo: O resultado que você espera é a mudança de comportamento do seu interlocutor em relação ao assunto da conversa que terão.

É uma gafe quando situações indesejadas vão acontecendo e se repetindo e você, como líder, não interrompe esse processo. Essa repetição pode tirá-lo do sério e, por razões insignificantes, fazer você estourar, passando a usar um tom hostil ou agressivo apenas por não ter entrado em ação no momento correto.

Imagine agora um liderado que não atingiu a meta. Se eu perguntar qual é a sua intenção com a conversa e em que pretende "chamar a atenção" desse liderado, considerando que ele está e permanecerá na sua equipe, provavelmente sua resposta seria: "Que ele atinja as metas". E se eu perguntar qual realmente é o seu objetivo em relação à melhora da performance desse liderado, provavelmente sua resposta também seria: "Que ele atinja as metas". Então, qual seria a pergunta ideal para expressar sua intenção de modo claro com relação ao que você quer desse liderado?

A pergunta imediata seria: **"Por que você não atingiu a meta?"**. Mas perceba que essa pergunta direciona seu interlocutor para o sentido contrário da sua intenção e do seu objetivo. Você quer que ele *atinja as metas* no próximo período e expressa esse desejo como negação, *não atingiu a meta*. Além de ser o inverso do que você realmente deseja para o futuro, essa pergunta resgata o passado.

Assim, as possíveis respostas seriam: "Não deu tempo", "A parte burocrática é muito trabalhosa e exige muita atenção", "Ajudei outro colega na tarefa dele", "Eu ainda não sei fazer", "Os clientes me dizem muito 'não', ou que irão pensar", "Surgiram imprevistos importantes".

Então, reflita um pouco sobre essas possíveis respostas. Alguma delas tem qualidade? Alguma está adequada ou inadequada à clareza do seu objetivo? O contexto dessas respostas gira em torno da **solução** ou é especificamente o **problema**?

"Não deu tempo", "a parte burocrática é muito trabalhosa e exige muita atenção", "ajudei outro colega na tarefa dele", "eu ainda não sei fazer", "os clientes me dizem muito 'não', e que irão pensar", "surgiram imprevistos importantes..." Não há dúvida de que todas essas palavras remetem a um problema em cima do outro.

Essas respostas estão se remetendo a comportamentos **futuros** do liderado ou estão baseadas no **passado**?

A maior clareza que temos é que não podemos voltar no tempo e refazer determinada tarefa. Tempo não volta, e tempo é o recurso mais escasso que temos. Albert Einstein dizia que temos 1440 minutos para gastar diariamente. O tempo que deixamos de aproveitar agora não fica de crédito para o dia seguinte. E todas as respostas exemplificadas acima, da mesma forma, remetem-se ao passado.

As respostas estão focadas nos **pontos fortes** ou nos **pontos fracos** do liderado para que ele consiga resolver o assunto em pauta?

Pense um pouco a respeito. Se você permite que essas respostas sejam a base da sua conversa, o seu **trabalho como líder aumenta bastante**. Você começa a pensar imediatamente em possíveis alternativas para melhorar a situação de trabalho daquela pessoa. Além disso, a sua sensação de esgotamento diante dessa lista de problemas apenas aumenta o estresse diário. Depois de uma conversa como essa, você, como líder, precisa ser estrategista inclusive em relação às burocracias da empresa, ao processo, ao treinamento dos funcionários visando sua autonomia de trabalho e ao gerenciamento de crises.

Tomemos como exemplo a resposta "Os clientes me dizem muitos 'nãos' e que vão pensar". Quantos clientes realmente disseram não? O que são muitos "nãos"? Será que seu

NÍVEL 1: A OBJETIVIDADE PRODUTIVA

colaborador realmente prospectou o número ideal de clientes? Será que ele está usando palavras adequadas para o fechamento das vendas? Esses questionamentos estão ligados à necessidade que o líder sente de entender o passado, compreender o que aconteceu e achar o culpado. Mas vamos desconsiderá-la.

Aprendemos que "é preciso se basear no passado para saber o que não fazer mais" e que "nas análises de planejamento estratégico é necessário analisar os resultados de alguns períodos anteriores para projetar metas alcançáveis". Essas são marcas impregnadas na cultura da gestão. E esse entendimento do passado acabará acontecendo de qualquer forma para que o líder se torne hábil em extrair o melhor das pessoas. Simplesmente porque esse líder já analisou essa situação ou porque, em determinados momentos durante a conversa, o liderado vai apresentar os porquês do insucesso, mas, de imediato, também responderá assertivamente.

Se a pergunta mudar, a resposta muda. Veja um exemplo com a tarefa "entregar produto para o cliente":

> Pergunta 1: Por que você não entregou o produto para o cliente ontem?

> Observe a qualidade da resposta.

> Resposta 1: Não entreguei porque, quando cheguei lá, ele tinha saído, mesmo tendo marcado comigo.

Mudando a pergunta.

Pergunta 2: Quando você irá entregar o produto ao cliente?

Observe a mudança na qualidade da resposta.

Resposta 2: Eu não entreguei o produto porque, quando cheguei lá, ele tinha saído, mesmo tendo marcado comigo, mas pode deixar que <u>hoje mesmo retornarei lá</u>.

O interessante é que, mesmo ao dizer objetivamente o que você espera da pessoa, as primeiras palavras, automaticamente, vão girar em torno da explicação do fato, em algumas conversas. Contudo, o fascinante nesse processo é que, ainda que tenham vontade de se justificar, pensando melhor, os colaboradores perceberão que pensar na solução é a melhor alternativa. As respostas serão, então, mais assertivas e adequadas à clareza que o líder almeja e comunica, expressando o que quer da pessoa em vez de o que não quer mais.

Comece a prestar atenção em pequenas mudanças de palavras nas perguntas e as respostas obtidas tenderão a mudar significativamente, como nestes exemplos:

Pergunta 1: Como você não conseguiu atingir a meta do mês passado?

Pergunta 2: Como você fará para atingir as metas no próximo mês?

Atribuir responsabilidade

Maria, a líder do início deste livro, estava aprendendo a melhorar a sua habilidade de ouvir. Observe agora uma de suas práticas de conversa.

Maria pergunta: "O que você poderia fazer para atingir as metas deste mês que está iniciando?".

A liderada responde: "Eu vou começar a entrar em contato com os clientes a partir do segundo dia útil, porque estou deixando para iniciar a prospecção a partir do dia 10, e vou fazer isso em todos os dias da semana, não só na terça e na quinta. Em vez de deixar tudo para organizar na segunda e na sexta, vou destinar uma hora do dia para organizar a parte burocrática, porque a informação está fresquinha e me lembrarei com mais facilidade, vai ser bem mais rápido".

Caramba... me disse tudo o que eu precisava saber e ouvir e até arrancou um sorriso do meu rosto, pensou ela. Ah, agora posso fazer mais alguma pergunta para continuar essa conversa, mas qual?

Maria: "Em que eu posso te ajudar?". Essa pergunta saiu porque Maria estava ficando tempo demais calada.

Liderada: "Que bom que você perguntou! Preciso que você converse com o Júnior, meu colega do lado, porque ele fala demais e me desconcentra. E como vou destinar uma hora por dia para lançar tudo no sistema, não posso me desconcentrar".

Maria: "Pode deixar, falo com ele, sim. Obrigada e bom trabalho".

Não aguentei, me sinto tão bem que até me coloquei à disposição para ajudar. Já vou falar com o Júnior, pensou Maria.

Depois disso, na conversa com o Júnior...

Maria pergunta: "O que você pode fazer para deixar sua colega se concentrar?".

Liderado Júnior: "Eu tenho que deixá-la se concentrar? Só podia ser ela, parece que ela gosta de me prejudicar. Ela que fica conversando comigo. Mas pode deixar, nem quero mesmo falar com ela".

Depois dessa resposta, Maria fica pensativa. *Acredito que tive sucesso com a cobrança das metas e insucesso com a cooperação entre colegas... Parece que quando tentei continuar a conversa com mais uma pergunta, me dispondo a ajudar, não tive resultados produtivos.*

A segunda pergunta ("Em que eu posso te ajudar?") só fez com que Maria chamasse a responsabilidade para si, e assim tivesse mais um trabalho. Quem buscou aquela resposta foi ela mesma. A pergunta levou àquela resposta. Então, qual outra pergunta ela deveria fazer para ter uma sequência de perguntas assertivas?

A primeira pergunta ("O que você poderia fazer para atingir as metas deste mês que está iniciando?") gerou uma resposta alinhada com a sua expectativa ("Eu vou começar a entrar em contato com os clientes a partir do segundo dia útil do mês"), mas a minha questão é: o líder tem certeza de que o liderado realmente vai fazer aquilo que está afirmando? O líder estaria ajudando mais se formulasse perguntas para levar o próprio liderado a elaborar estratégias e atitudes que pudessem ajudá-lo a alcançar seu objetivo.

Seguindo esse raciocínio, a segunda pergunta poderia ser: "Como você vai fazer para deixar em ordem o que precisaria lançar no sistema na última hora da tarde?". Ou então "Qual seria o melhor horário para você lançar no sistema?", ou ainda "Quando você vai começar a fazer?". Se tivesse sido assim, a liderada não teria transferido a responsabilidade de conversar com o Júnior para a líder, o que mudaria todo o restante da conversa. Qual o segredo disso? A chave está em atribuir responsabilidade ao elaborar a pergunta, com a palavra "**você**". Por exemplo: quando **você** vai começar?

Integrando intenção de objetivo

Chegamos ao ponto de expressar a intenção e objetivo de forma diferente. O objetivo do arguidor, explícito na pergunta, está conectado com a ideia de "gente ajudando gente", ou seja, líder ajudando liderado a elaborar um mapa para conseguir melhorar seu desempenho.

Em uma situação com outro liderado, Maria se questionou: "No que especificamente eu quero que ele melhore?". Essa resposta pode vir de maneira positiva ou negativa: "<u>Ele precisa deixar de chegar atrasado</u>". Nosso estudo exige pensar no significado de todas as palavras da frase:

"Ele" = definição de quem é responsável.

"Tem que" = soa como ordem.

"Deixar de chegar atrasado" = gera pensamentos distintos sobre dificuldades, o problema em si, uma falha do funcionário.

Em um curso de liderança, Maria aprendeu sobre a necessidade de salientar os <u>pontos fortes</u> e, nessa frase, ela salientou o ponto fraco.

Agora, coloque-se no lugar do liderado e o imagine ouvindo isso. Ao ouvir uma ordem e seu ponto fraco, sua resposta emocional imediata pode ser tristeza e indignação. Percebe-se, então, que a clareza do objetivo define as palavras da frase.

O que especificamente deve ser mudado na performance do liderado? *Seu horário de chegada ao trabalho* (ele tem que chegar no horário estipulado). O que mudou entre a frase "ele tem que deixar de chegar atrasado" e "ele tem que chegar no horário estipulado"? A segunda frase é mais leve, <u>positiva</u>. "Chegar atrasado", na primeira frase, é <u>exatamente o que não se quer mais dele</u>, ou seja, é uma ideia negativa que está fazendo o cérebro do liderado pensar no que não se quer dele, em vez de fazê-lo refletir sobre o que se quer.

Portanto, se você tiver clareza do seu objetivo em uma conversa, fica mais fácil expressar a intenção positiva de forma que seu interlocutor entenda o que você deseja. Clareza e objetividade aliadas à expressão da intenção positiva facilitam

NÍVEL 1: A OBJETIVIDADE PRODUTIVA

o entendimento do seu liderado para que ele dê respostas alinhadas com a sua expectativa.

Na dinamicidade da vida corporativa, acontecem diversas situações sobre as quais podemos refletir e com as quais podemos aprender no contexto deste livro. Em todas as situações que listarei a seguir, é possível utilizar o Nível 1 do método Construindo Respostas Proativas no momento de conversar com um liderado.

Constatações:

- Descumprimento do horário de trabalho;
- Erro operacional repetitivo;
- Hostilidade e conflitos entre colegas;
- Levar pequenos problemas para que seu superior lhe dê a solução;
- Não atender a reclamação do cliente;
- Falta de proatividade;
- Não entregar o trabalho no prazo;
- Oferecer informação errada ao cliente;
- Não melhorar processos simples;
- Não atingir a meta;
- Reclamar de praticamente todas as situações;
- Não comparecer a uma reunião;
- Usar o celular corporativo para assuntos particulares.

Agora, desafio você a prestar atenção no modelo que está acostumado a usar e pensar nas palavras que utiliza para expressar a sua intenção e o seu objetivo com determinada conversa. A partir da observação das palavras, eu o incentivo a começar a aplicar os aprendizados deste primeiro nível do jogo. De perguntas como "Por que você não atingiu a meta?" para perguntas do tipo "Como você fará para atingir as metas no próximo mês?", **o mais importante nas formulações é prestar atenção nas respostas que receber.**

Indo direto ao ponto por meio da objetividade produtiva, você ajuda seu liderado a entender exatamente o que se espera dele e diminui o tempo de conversa. E, como a atribuição da responsabilidade acontece nas perguntas assertivas, é provável que esse liderado também apresente um grau maior de comprometimento.

NÍVEL 1: A OBJETIVIDADE PRODUTIVA

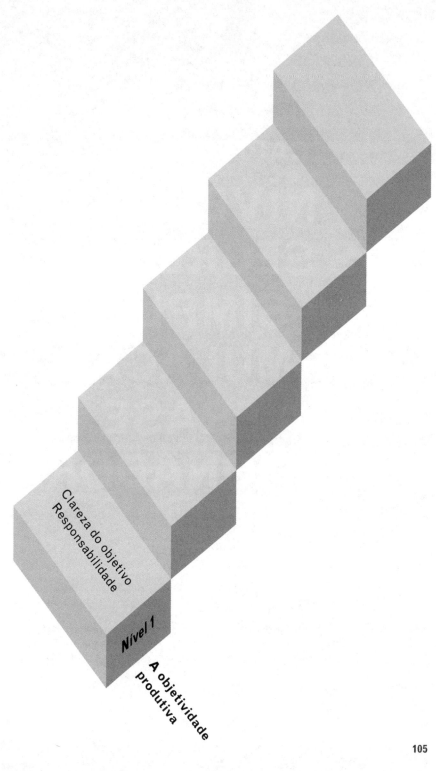

CAPÍTULO 6
NÍVEL 2: OS SEGREDOS DA SIMPLES FORMULAÇÃO DA FRASE QUESTIONADORA

SÃO OS DETALHES QUE CRIAM CONDIÇÕES para que o entendimento do ouvinte esteja alinhado ao que você espera dele.

Palavras positivas

Dentro dos indicadores de alta performance, tanto individual quanto da equipe, está o grau de positividade, na proporção 3 para 1: equipes extraordinárias, com ótimo rendimento, terão aproximadamente três afirmações positivas para cada uma negativa. A utilização de palavras positivas na pergunta eleva o grau de positividade das conversas e, consequentemente, do ambiente de trabalho, além de direcionar a resposta vinculada à palavra "positiva" que o líder utilizar.

Observe a diferença entre as duas formas de perguntar sobre o mesmo fato:

Pergunta 1: O que você poderá fazer para atingir as metas do mês seguinte?

Pergunta 2: Quais foram as dificuldades que o impediram de atingir as metas do mês passado?

O motivo para o líder buscar a elevação da performance do liderado não muda, ou seja, o fato continua inalterado. O que muda é a forma de expressar o objetivo, assim como a qualidade das respostas.

No capítulo anterior, você foi apresentado a informações necessárias para não receber respostas inadequadas. Você entendeu que é preciso abandonar frases com palavras que o distanciam dos seus propósitos e migrar para frases focadas nos resultados esperados para colher respostas diretamente ligadas à clareza do seu objetivo. Perguntas como "O que você poderá fazer para atingir as metas do mês seguinte?" induzem o liderado a criar possibilidades, alternativas, estratégias nas suas respostas. Perceba como esse jogo de palavras na pergunta é interessante.

É preciso lembrar sempre que a expertise do líder ouvinte está em extrair o melhor das pessoas, em **ser o agente de apoio que faça com que o outro brilhe por si só**. Essa clareza favorece um *mindset* correto para as conversas com seu liderado. Palavras negativas induzem o receptor da pergunta a responder exatamente aquilo que lhe é questionado. Assim, cria-se um cenário negativo e você começa a receber uma série de respostas que não gostaria de ouvir.

NÍVEL 2: OS SEGREDOS DA SIMPLES FORMULAÇÃO DA FRASE QUESTIONADORA

Se perguntar sobre dificuldades, tenha certeza de que o liderado responderá sobre as **dificuldades**. Mas, na sua clareza de objetivo, você realmente quer saber as dificuldades ou deseja compreender as soluções que ele visualiza para aquele problema? Uma boa alternativa para uma pergunta sobre dificuldades poderia ser: "Como você pretende resolver tal situação?".

Como é fácil lembrarmos de fatos negativos marcantes que experienciamos... Para isso, basta conversarmos com mães e pais que tiveram filhos com problemas de saúde; com empresários que passaram por crises ou tiveram que demitir funcionários; com líderes que têm problemas com alguns liderados. É mais fácil chegar em casa depois do expediente se queixando sobre aquilo que não deu certo, em vez de comemorar as conquistas do dia.

Mas existe uma "neura" com relação ao "contar sucesso". Muitas pessoas têm ressalvas sobre falar de seus pontos fortes, de seus bons *cases* por acreditar que isso é "se gabar". Seria muito importante se pudéssemos aprender mais com pessoas que realmente tiveram resultados positivos e nos espelhássemos em suas atitudes, comportamentos e estratégias para alcançar também os nossos objetivos. Se você quer colocar uma pessoa em outro patamar emocional, positivo, e que realmente faça seu interlocutor acreditar mais em si, por favor, faça-o acessar as lembranças dos seus sucessos e das coisas pelas quais se sente grato.

Por mais esperto que você seja ao formular perguntas, as pessoas ainda trarão coisas negativas. Está tudo bem com relação a isso. Para quebrar esse ciclo de negatividade, procure questionar sobre os pontos positivos.

Quando utilizar palavras negativas na frase?

Posso afirmar que, seguindo os cinco níveis do método Construindo Respostas Proativas, você minimiza a quantidade de vezes que precisa conversar com a mesma pessoa para cobrar desempenho pela mesma situação.

Na condição de líder, você quer contar com liderados que tenham uma boa performance e precisa influenciá-los para a melhoria de alguns pontos cruciais. Então, se já conversou e seu liderado não se propõe ou não se permite mudar, você pode utilizar palavras negativas com a intenção de dar mais uma chance para a pessoa melhorar. Alguns sentem-se motivados ao vislumbrar perdas e riscos, e, neste caso, talvez você precise utilizar a dor a partir de uma segunda conversa sobre o mesmo assunto.

Sabemos que as pessoas têm perfis diferentes. Algumas são absolutamente planejadas e organizadas e conseguem cumprir as agendas programadas com certa facilidade e antecipação. Outras, ao contrário, agem melhor sob pressão e provavelmente só vão se sentir realizadas ao encerrar uma tarefa aos "45 do segundo tempo", na última hora, e entregarão trabalhos a contento. Também está claro que a motivação individual tem o seu "estalo" de diferentes formas.

NÍVEL 2: OS SEGREDOS DA SIMPLES FORMULAÇÃO DA FRASE QUESTIONADORA

Em uma conversa com seu liderado, as dores, os medos e os riscos também podem ser identificados. Contudo, líder, acredite: você terá mais sucesso com seus liderados se utilizar palavras positivas em 80% das vezes. Os 20% de vezes em que utilizar palavras negativas correspondem àqueles casos cujo resultado não esteja de acordo com o que deseja em comprometimento e engajamento do seu liderado. Como já comentei, não é recomendado usar palavras negativas na primeira conversa. Alguns exemplos de frases questionadoras para estas situações poderiam ser:

"Se você não resolver isso, quais as consequências?"
"O que de pior pode acontecer se você não resolver?"
"Quais os riscos que você está correndo se não entrar em ação?"

Priorizando o uso do verbo no futuro

Outro detalhe importantíssimo para o processo de construir e receber respostas adequadas e produtivas é conjugar o verbo no futuro.

Se perguntar algo usando o passado como base, você vai inspirar seu liderado a pensar e elaborar a resposta também pautada no passado. O passado é somente uma memória. Não podemos mais modificá-lo. Só precisamos aceitá-lo e viver bem o presente, projetando o futuro. **Ao passado, somente gratidão e acesso às emoções positivas.**

Ir direto ao ponto e direcionar a pergunta para uma resposta que contenha projeção para a atitude futura é o grande diferencial para aumentar a produtividade de um líder, que obterá respostas de qualidade incomparável.

Observe agora formas de perguntar sobre um mesmo fato:

Pergunta 1: Por que você não fez a tarefa?

Pergunta 2: O que você fará para conseguir realizar a tarefa na próxima vez?

A primeira pergunta é executada inúmeras vezes e provoca um estrago inigualável na qualidade da resposta. Por si só, essa única pergunta faz você perder um longo tempo e gera conversas improdutivas. Ao ouvir "Por que você não fez a tarefa?", o liderado responderá com desculpas, justificativas e culpados externos. Mais ou menos assim: "Porque perdi minha anotação", "O Fulano não me ajudou", "Não deu tempo", "Estou sobrecarregado", "Não sei fazer", "Eu me desconcentrei". A partir dessas respostas, o líder provavelmente terá o trabalho de falar com o Fulano que não ajudou, tirar tarefas desse colaborador e passar para outro a fim de diminuir a sobrecarga do primeiro, isolá-lo para facilitar sua concentração.

No entanto, se as perguntas forem alteradas, as respostas mudam igualmente. Veja este exemplo: "O que você fará para conseguir realizar a tarefa na próxima vez?". As possíveis respostas seriam:

"Eu vou terminar o que está pendente hoje para conseguir dar conta da rotina todos os dias."

"Eu vou fazer a tarefa na hora em que me for solicitada e não anotar mais em bilhetinhos (para não correr o risco de perder os bilhetes e esquecer)."

"Vou começar a utilizar uma agenda eletrônica."

"Vou pedir ajuda para o Fulano."

"Vou ler o manual para aprender direitinho.'"

Consegue perceber a transformação das respostas? Imagine-se, agora, como um líder capaz de extrair essas respostas das pessoas. O quanto isso impactaria na sua vida?

Continuando a reflexão do capítulo anterior, vamos usar a pergunta "O que você poderá fazer para atingir as metas do mês seguinte?". A **construção verbal** "poderá fazer" direciona o interlocutor a pensar em possibilidades futuras, de hoje em diante. Seria interessante se, antes de iniciar a conversa de "cobrança", você tivesse em mente uma linha do tempo e conseguisse direcionar o teor da conversa para o próximo mês, como na imagem a seguir:

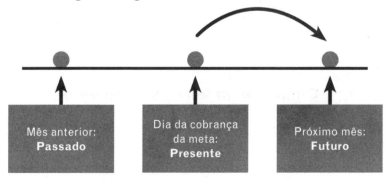

Quando usar verbo no passado

Você já parou para pensar que, se um colaborador está com dificuldade para resolver determinado problema hoje, talvez já tenha resolvido coisas piores no passado? Então, se usar as mesmas estratégias que utilizou no passado, é possível que consiga novamente. O passado deveria servir apenas para acessar as **emoções positivas** pelas diversas conquistas que tivemos no decorrer da vida, inclusive sobre o esforço empregado para resolver determinados problemas. O passado pode ser um grande estímulo, um grande balizador do nosso potencial.

Vamos, agora, pensar nesta abordagem: "Que situação você já resolveu antes que pode ter semelhança com esta?". A pergunta seguinte poderia ser: "E nesta situação, o que poderá ser feito?".

Se você realmente precisar compreender o passado, sugiro perguntas como "O que você já fez até aqui para resolver essa situação?" para substituir "O que aconteceu que não deu certo?".

Lembrando sempre que, em qualquer situação, devemos expressar nossa **gratidão** a tudo o que somos e temos. Independentemente dos tropeços até aqui, foi esse passado que nos formou, inclusive com nossas conquistas e melhores momentos.

Quando usar verbo no presente

O verbo conjugado no presente ajuda o líder a migrar das enrascadas do criticismo e do julgamento para a compreensão.

NÍVEL 2: OS SEGREDOS DA SIMPLES FORMULAÇÃO DA FRASE QUESTIONADORA

A possibilidade de elaborar perguntas com verbo conjugado no presente é recomendada para identificar a situação ou o nível de satisfação atual do interlocutor sobre determinado assunto. Exemplo: "Qual o seu nível de satisfação com relação à sua prática de atividade física hoje?".

Perguntas como essa ajudam o líder, estimulam a sua habilidade de ouvir e possibilitam que ele realmente compreenda o que o seu liderado entende, sente e percebe em relação a determinados fatos.

Nas tabelas a seguir, você pode observar que algumas palavras norteiam a adequação ou não das respostas em relação aos seus objetivos: note que as palavras-chave formam uma frase interrogativa, conforme a seta.

Palavras-chave	Significado	Avaliação
O que	Palavra inicial	Adequado
Você	Responsável	Adequado
Poderá fazer	Verbo no futuro	Adequado
Atingir as metas	Clareza do objetivo; palavras positivas	Adequado
Mês seguinte	Futuro	Adequado

Palavras-chave	Significado	Avaliação
Quais	Palavra inicial	Adequado
Dificuldades	Palavra negativa e objetivo expresso na forma do que não quer	Inadequado
Impediram	Verbo no passado	Inadequado
Você	Responsável	Adequado
Mês passado	Passado	Inadequado

Frases curtas e objetivas

Neste momento da leitura, já é possível perceber com facilidade que frases curtas e objetivas tornam a compreensão do liderado muito mais assertiva e alinhada com os propósitos do líder. Aqueles que costumam fazer muitos rodeios para dizer o que querem movimentam um turbilhão de informações no pensamento do interlocutor, que, consequentemente, nem consegue identificar exatamente o que o líder quer dizer e aonde quer chegar.

Fica claro que não há necessidade de ficar explicando a situação ou o motivo da conversa. Uma simples abertura já é o suficiente, seguida de uma pergunta como no exemplo: "O que você vai fazer para chegar no horário?".

Perguntas abertas

A ideia aqui é promover uma conversa, ou seja, dar subsídio para o liderado falar o que pensa. Mas é bastante comum identificar, no modelo de fala dos líderes, perguntas fechadas, que pressupõem somente respostas do tipo "sim" ou "não", e ainda restringem as chances de sucesso a 50%.

Os exemplos a seguir norteiam as reflexões. Observe:

"Você pode melhorar?"
"Eu posso contar contigo?"
"Você acha importante fazer isso?"
"Você quer comprar isso?"
"Vamos fechar?"

Transformando a vontade de responder "sim" ou "não" para perguntas abertas.

Observe que as palavras utilizadas para iniciar essas frases são "**você**", "**eu**" e "**vamos**". Independentemente de quais palavras você utiliza para completar as frases e do que a pessoa responderá, as possibilidades de resposta vão girar em torno de "sim" e "não". Então, o segredo aqui é a primeira palavra da frase. No próximo capítulo você vai conhecer exatamente essas palavras "gatilhos" para iniciar as frases.

Vendedores, por exemplo, podem utilizar um modelo de abordagem de venda bem bacana com perguntas para identificar por que o cliente compraria determinado produto ou serviço e com uma apresentação poderosa sobre as características, vantagens e benefícios do item. Mas no momento de solicitar a confirmação do cliente, deixam escapar perguntas do tipo "vamos fechar?". Apesar do processo de venda quase perfeito, essa pergunta limita em 50% as possibilidades de a resposta ser "sim".

Aquele que ouve perguntas fechadas não tem abertura para se expressar ou continuar falando, o que só aumenta a necessidade de o líder se esforçar para conduzir as conversas. Observe algumas sugestões de substituições para perguntas abertas:

Pergunta 1: <u>Você</u> pode melhorar?
Pergunta 2: <u>O que</u> você vai fazer para melhorar?

Pergunta 1: <u>Eu</u> posso contar contigo?
Pergunta 2: <u>A partir de quando</u> posso contar contigo?

Pergunta 1: <u>Você</u> acha importante fazer isso?
Pergunta 2: <u>Por que é importante</u> você fazer isso?

Pergunta 1: <u>Você</u> quer comprar isso?
Pergunta 2: <u>Por que é importante</u> para você comprar isso?

Pergunta 1: <u>Vamos</u> fechar?
Pergunta 2: <u>Qual</u> das opções você prefere, A ou B?

Duas vidas (presentes extras)

Vou contribuir ainda com dois itens que, neste jogo das perguntas, chamo de vidas (presentes extras). São alguns cuidados com determinadas palavras em função dos modelos que aprendemos no passado e utilizamos rotineiramente.

Na posição de liderança, uma das tarefas é dar ordens – informar sobre novos procedimentos e regras –, pois em determinados momentos são necessárias. Jamais vou duvidar dessa estratégia de condução de equipes e empresas. Mas podemos enriquecer ainda mais esse processo ao fazermos perguntas para melhorar performance e engajamento.

Em qualquer relacionamento entre líder e liderado, as ordens e os comandos do líder devem ser seguidos, e é possível utilizar essas palavras para motivar o outro a entrar em ação. É sabido que as pessoas se motivam por razões internas e externas. As razões internas são baseadas no que faz sentido para a pessoa, são duradouras e eficazes.

Palavras motivacionais externas e internas

Preste atenção em algumas palavras motivacionais da fala do líder:

"Eu preciso que..."
"Você tem que..."

Na primeira situação, observa-se que o líder necessita de algo, mas se ele está precisando contar com as pessoas do seu time, aquele que deveria "precisar" seria o liderado, que só vai se movimentar se sentir realmente que precisa fazer isso. Caso contrário, ele vai reclamar ou vai primeiro ficar na defensiva para, depois de determinado tempo, agir.

Outra frase bastante observada é: "Eu preciso que você atinja as metas". Pense um pouco: quem precisa atingir as metas: você ou seu liderado? Ambos precisam atingir a meta para realizar os objetivos comuns.

Na segunda situação, a pressão está implícita. Em uma das análises da Maria, está a seguinte narrativa:

> Como posso interpretar as palavras que utilizaria para falar com o funcionário? "Eu preciso que você atinja as metas". "Eu preciso que"... hum, observando dessa maneira, a responsabilidade parece minha e ainda tem um "eu preciso" aliado a uma ordem firme "que você atinja as metas".
>
> Acho que posso fazer alterações nessa frase: "*Você precisa atingir as metas*". E agora, qual o seu significado? "Você precisa atingir as metas" = ordem pura, eu no comando. Se eu precisar conduzir todos desse jeito, vou ficar muito tempo dando ordens.
>
> Vou brincar de imaginar mais um pouco. Se eu recebesse essa ordem, como me sentiria? Ela dá a impressão de ênfase na pressão para atingir as metas. Será que tem ainda outro jeito para cobrar esse desempenho de alguém?

NÍVEL 2: OS SEGREDOS DA SIMPLES FORMULAÇÃO DA FRASE QUESTIONADORA

Maria concluiu que perguntas como "o que você vai fazer para atingir as metas" não precisam dessa ênfase na ordem e a pessoa pensa em suas estratégias e compartilha com o líder.

Você deve conhecer a máxima, muito utilizada mundo afora: "Trate os outros como gostaria de ser tratado", certo? Quando você está interagindo com alguém, realmente trata essa pessoa como gostaria de ser tratado? Você utiliza o seu corpo com expressões não verbais, além de utilizar principalmente a <u>boca e orelhas</u>?

Vou compartilhar alguns cenários e depois quero que você reflita sobre como se sente quando é cobrado por não ter atendido a expectativa de alguém, quando empresta somente suas orelhas, apenas ouvindo, ou, quando interage, utilizando fala e audição.

Cenário 1: você vai para uma reunião gerencial e logo no início são apresentadas as metas que foram atingidas e as que não foram. Você procura rapidamente os indicadores sob sua responsabilidade e percebe que ficaram abaixo da média. E, obviamente, a maior parte da reunião gira em torno desses indicadores. O apresentador dá muitas dicas sobre como outros gerentes fizeram para atingir as metas e afirma que todos precisam chegar aos mesmos resultados para atender as expectativas dos donos e ter direito ao plano de benefícios. As únicas interações que você consegue é com os colegas gestores, enquanto aguardavam o início dos trabalhos. **Como você sai dessa reunião?** Possivelmente, retira-se sabendo exatamente o seu lugar no ranking dos melhores e dos piores e com várias dicas sobre o que pode fazer para melhorar, sendo que muitas delas você certamente já utilizou ou ainda utiliza.

Cenário 2: esse mesmo apresentador da reunião solicita que os participantes escolham duplas – um gestor que atingiu a meta com quem você tenha afinidade e um que não atingiu – para que conversem e se apoiem. Vocês interagem, o outro conta o que fez que deu certo, você conta o que fez que deu certo e procura compreender a lacuna de possibilidades que pode aproveitar. **Como você sai dessa reunião?** Possivelmente você endireita a postura, mesmo vendo que não atingiu a meta, e se sente instigado a voltar logo para a sua mesa para fazer aquilo que ainda não foi feito.

Agora você já tem condições de decidir em qual desses dois cenários acredita que os participantes irão se motivar mais a entrar em ação.

O Cenário 2, por exemplo, usa a metáfora da boca e das orelhas e é quando se consegue falar e ouvir. Há interação, *insights* e memorização mais intensos do que apenas a participação passiva como ouvinte. Para se comunicar permitindo que as pessoas ouçam e falem, você é obrigado a criar possibilidades para fazer as perguntas certas, aprendendo a ser um bom ouvinte também. É importante ser esperto para estimular a motivação interna individual com perguntas.

A palavra TENTAR – o amortecedor da credibilidade

Quando você espera obter o comprometimento de alguém e ouve "eu vou tentar fazer", provavelmente fica inseguro. Veja esses exemplos:

Resposta 1: Eu vou lavar o carro.
Resposta 2: Eu vou *tentar* lavar o carro.

A primeira frase sugere que a tarefa realmente será feita, ou seja, sugere credibilidade na ação do interlocutor. Na segunda frase, a palavra "tentar" pode ser um **amortecedor** da ação ou da credibilidade. A dica é você, líder, não utilizar ou diminuir o uso desse verbo. Mas lembre-se: seus liderados vão continuar utilizando.

Um bom drible para respostas com a palavra *tentar* poderia ser:

Pergunta: "O que você poderá fazer para chegar no horário?".
Resposta: "Eu vou tentar acordar mais cedo".
Próxima pergunta: "E para ter certeza de que você vai acordar mais cedo, que recursos você pode utilizar?".
Resposta: "Vou tentar colocar o despertador do celular 15 minutos antes".
Próxima pergunta: "Quando você poderá ajustar o despertador do celular?".

Resposta: "Agora mesmo".

A dica, então, é fazer uma sequência de perguntas até que a palavra *tentar* não lhe dê mais dúvidas de que o liderado vai executar a tarefa. Agora você está pronto para subir mais um degrau e passar para o próximo nível.

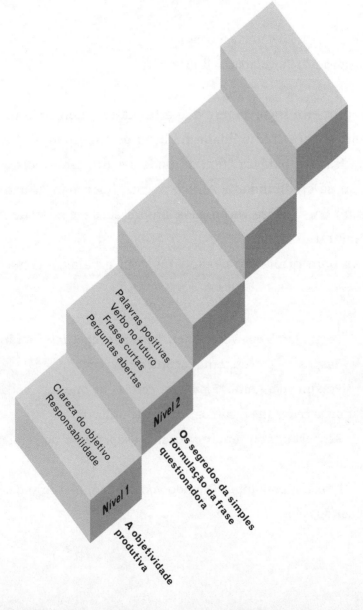

Ir direto ao ponto e direcionar a pergunta para uma resposta que contenha projeção para a atitude futura é o grande diferencial para aumentar a produtividade de um líder.

CAPÍTULO 7

NÍVEL 3: APENAS DEZ PALAVRAS INICIAIS REPETÍVEIS

SE CHEGOU ATÉ AQUI NA SUA LEITURA, VOCÊ merece a *cereja do bolo*. Valorizo cada aprendizado que tenho e que é propiciado para os líderes. Acredito que alguns aprendizados deveriam ser práticos, a ponto de se tornarem um comportamento automático. Afinal, o líder tem tantas responsabilidades e tarefas para coordenar que precisa dar conta de tudo, muitas vezes sem tempo.

Pensando nisso, eu precisava ter algo que pudesse considerar um gatilho mental no método Construindo Respostas Proativas, algo que pudesse alertar o cérebro sem haver gasto de energia sobre uma oportunidade de aplicação de conhecimento. Algo que eu pudesse repetir em todas as conversas cuja intenção fosse melhorar performances.

É provável que você já tenha se deparado com essa ferramenta durante a sua trajetória na gestão. É baseada em simples perguntas capazes de facilitar o planejamento e controle das atividades para alcance de objetivos.

5W2H ou plano de ação

A metodologia 5W2H para elaboração do plano de ação foi desenvolvida no Japão, quando a indústria automobilística estava estudando e implementando melhorias na qualidade total. Em seguida, foi expandida para outras áreas, e hoje é utilizada em larga escala pela facilidade de sua aplicação e uso, pela possibilidade de controle e monitoração de tarefas, pela clareza com relação às etapas necessárias para atingir a meta traçada, por inserir as pessoas no processo com responsabilidades e, ainda, pela possibilidade de delegar e monitorar atividades com prazos pré-estabelecidos.

5 Ws:
What (o que será feito?)
Why (por que será feito?)
Where (onde será feito?)
When (quando será feito?)
Who (por quem será feito ou quem será o responsável?)
2Hs:
How (como será feito?)
How much (quanto vai custar?)

NÍVEL 3: APENAS DEZ PALAVRAS INICIAIS REPETÍVEIS

Quem já utiliza e acompanha os planos de ação não tem dúvida da sua importância e aplicabilidade no meio empresarial. Uma simples planilha de Excel é suficiente para gerar resultados surpreendentes e dentro do prazo preestabelecido.

PLANO DE AÇÃO

OBJETIVO:	
META:	
AÇÃO *o que* – what	
RESPONSÁVEL *Quem* – who	
PRAZO *Quando* – when	
LOCAL *Onde* – where	
RAZÃO *Por que é importante* – why	
PROCEDIMENTO *Como* – how	
INVESTIMENTO *Quanto custa* – how much	

E por que esse modelo de plano de ação seria importante para o líder que deseja perguntar verbalmente?

A utilização do plano de ação escrito e monitorado é comum e sua eficácia é comprovada. Incomum é o líder utilizar as palavras em itálico (na coluna à esquerda) do plano para <u>iniciar</u> as perguntas que faz aos seus liderados. Essa ferramenta é utilizada no método Construindo Respostas Proativas como o seu gatilho mental, para lembrá-lo com facilidade de qual palavra utilizar para iniciar suas perguntas.

Quero que você se lembre de um comando automático sem que precise pensar. Quando você está dirigindo, por exemplo, se o sinal está vermelho, o que o seu pé faz imediatamente? Você precisa pensar em frear o carro ou esse é um comando automático? No caso da formulação das perguntas, esse automatismo poderia ser as palavrinhas do 5W2H: fica muito mais fácil quando se tem um gatilho (como a cor vermelha do sinal de trânsito).

Com essa ferramenta, além de lembrar com facilidade de qual palavra utilizar para começar determinada pergunta, você ajuda o seu liderado a elaborar verbalmente o seu plano de ação para o aperfeiçoamento que você espera dele, o que facilita enormemente a sua compreensão da versão de entendimento de seu liderado. A ferramenta também minimiza desencontros da comunicação, quando o líder diz o que fazer e o liderado, muitas vezes, não entende a mensagem.

Portanto, você já tem sete das dez palavras que prometi. Se utilizar apenas esses sete vocábulos, com certeza já atuará

NÍVEL 3: APENAS DEZ PALAVRAS INICIAIS REPETÍVEIS

com um enorme diferencial no mercado e será muito mais assertivo em suas perguntas.

1. O quê...
2. Quem...
3. Quando...
4. Onde...
5. Por que é importante...
6. Como...
7. Quanto...

A transformação no *mindset* que você veio implementando a partir da leitura dos capítulos "Nível 1 – A objetividade produtiva" e "Nível 2 – Os segredos da simples formulação da frase questionadora" está tornando sua evolução no método Construindo Respostas Proativas muito mais fácil. O próximo passo é atribuir a responsabilidade, já estudada no capítulo 5.

Se você está conversando com alguém visando melhorar seu desempenho, use o pronome *você*: "O que *você*...". Em seguida, pense no verbo: "O que você *vai fazer*...". Perceba que a fala é diferente da escrita, pois, na escrita, o verbo "fará" é que seria colocado ("O que você fará"). Mas, quando falamos, tendemos a ser menos formais e a construção "vai fazer", que tem o mesmo significado de "fará", sai mais facilmente.

As próximas palavras da frase serão **positivas** e vão representar com **clareza o que esperar** do seu interlocutor. "O que você vai fazer para *atingir a meta?*" Imagine a qualidade da resposta que virá quando essa frase curta e objetiva for processada pelo seu liderado.

Então, pense um pouco sobre o que aconteceria se você elaborasse a frase da seguinte maneira: "O que *eu* posso fazer para ajudá-lo?".

É bastante comum o líder querer ajudar o seu liderado, mas, dessa maneira, além de estar tomando pelo menos 50% da responsabilidade da execução da tarefa, ele ainda está tirando a autonomia do liderado para resolver seus próprios problemas. Pode acreditar que, se o liderado precisar da sua ajuda, ele vai lhe pedir.

O detalhe do "por que"

Esse adendo é para trazer à tona o "por que" do plano de ação. Na forma escrita do plano, o "por que" engloba a relevância, a razão e a importância daquela ação para atingir o objetivo em questão. Na forma falada, é muito comum constar de frases como "Por que você não fez?", "Por que não deu certo?".

Recomendo o uso de dois termos (é importante) junto com o "por que", a exemplo de: "<u>*por que é importante*</u> fazer?". Essa composição ajuda a formular uma frase mais adequada.

As três expressões complementares iniciais

Vamos completar a lista das dez palavras prometidas:

8. Qual...

Na linguagem falada, também é muito comum a utilização da palavra "qual" e sua variação de número "quais". Veja:

"Quais as maneiras que você vai utilizar para atingir a meta?"
"Qual a melhor estratégia?"
"Quais alternativas você ainda tem?"

Por fim, duas expressões:

9. E se...
10. E o que mais...

Para não ficar repetindo a mesma pergunta até que surjam repostas mais apropriadas, você pode utilizar as expressões: "e se..."; "e o que mais...", como nos exemplos a seguir:

"E se você se lembrasse de alguém que admira, como essa pessoa resolveria isso?";
"E se tivesse mais uma possibilidade, qual poderia ser?";
"E o que mais você pode fazer?".

Se você não tinha o hábito de perguntar, mas somente fazer afirmações (dando conselhos, dicas, ordens...), provavelmente seus liderados ainda levarão os problemas para você achar as soluções enquanto não estiverem acostumados com a sua mudança de comportamento. Quando você devolver as perguntas, é possível que seus liderados não tenham respostas prontas e imediatas e precisem de um tempinho para pensar. Mesmo assim, podem responder coisas as quais você já sabe que não funcionarão. Tenha em mente que você não quer dar a dica, mas sim estimulá-los a desenvolver a solução.

Com o tempo, os liderados vão resolver pequenos problemas e tomar pequenas decisões com mais tranquilidade. Nesse caso, você passa de líder que tem seguidores para líder **formador de líderes**.

Uma líder de uma instituição financeira, que já usa as perguntas, faz um movimento de criatividade quando inspira sua equipe a trazer ideias para serem implementadas através das perguntas. Outra líder – do mesmo segmento e uma das pessoas que sei que mais forma líderes – diz ter começado a viver os seus melhores dias na gestão a partir da utilização das perguntas. Quando ela acredita que não tem alternativa, alguém do time a surpreende com novas ideias.

Para reforçar um pouco esse contexto, vou deixar o exemplo da Maria, nossa personagem no livro.

Maria resolveu anotar aquela sequência de perguntas que havia utilizado e deixar visível na primeira gaveta da sua mesa de trabalho:

NÍVEL 3: APENAS DEZ PALAVRAS INICIAIS REPETÍVEIS

"O que você pode fazer para..."
"Como você fará para..."
"Qual seria o melhor horário para..."
"Quando você irá começar..."
"Como você está percebendo o seu nível de concentração..."
"Como você poderá contribuir..."

Ela acreditava que assim estava pronta para iniciar o jogo e passou a usar esse roteiro com quase todas as pessoas, fazendo adaptações dependendo do contexto das conversas. Percebeu que as pessoas começaram a lhe contar coisas, criar respostas muito inteligentes e já não a chamavam com tanta frequência. Então, chegou o dia de acompanhar o plano de ação das metas do seu setor.

Estou tão acostumada a usar o plano de ação como ferramenta de gestão, mas nunca tinha percebido que pode contribuir tanto nas conversas também, pensou ela. Atentou-se, então, ao que foi descobrindo:

Ter **clareza** do que eu quero = pode estar no objetivo ou meta do plano de ação.

Perguntas abertas = iniciar as frases com "o que", "como", "quando", "quem" e "por que" é importante; "quanto" e "onde" evitam as respostas curtas de sim ou não.

Num plano de ação, jamais vou escrever ações passadas. Vou direcionar meu liderado para o futuro, ou seja, para o que será feito para poder ser monitorado adiante. E o **verbo no futuro** é o que comprova isso.

Num plano de ação, colocarei palavras que sejam estratégias e soluções para se chegar a um resultado esperado, ou seja, **palavras positivas**. Além disso, e principalmente, tem o *quem* e o *quando*, que identificam a **responsabilidade** e até o **prazo** em que aquela ação será feita.

Isso tudo tem num plano de ação. A diferença é que eu usava para escrever ações da empresa. Nunca pensei que uma coisa que uso e sei que funciona poderia ser usada também na minha comunicação com as pessoas, de forma falada.

Você identificou que existe uma ferramenta de gestão chamada Plano de Ação e que você pode iniciar perguntas com essas palavras, chamadas de **gatilhos iniciais**, para conversar com liderados que precisam melhorar seu desempenho e atingir objetivos. Mas você também pode usar esses artifícios em benefício próprio, lançando mão das reflexões propostas para o controle emocional da sua maior fera: você.

Parabéns, você conseguiu passar pelo Nível 3! Acredito que você já esteja praticando algumas perguntas e mensurando o resultado das respostas que está recebendo. Neste momento da leitura, você tem muitos subsídios para manter uma conversa de solução, tema do próximo capítulo.

NÍVEL 3: APENAS DEZ PALAVRAS INICIAIS REPETÍVEIS

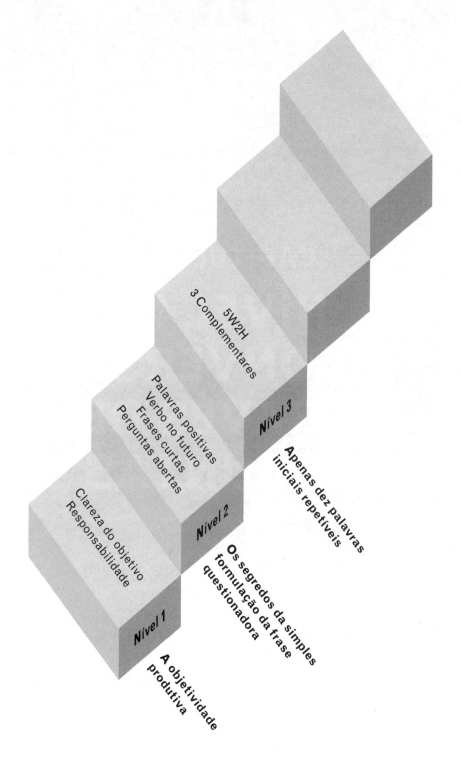

CAPÍTULO 8

NÍVEL 4: A CONVERSA ATRAVÉS DE PERGUNTAS

ATÉ AQUI VOCÊ LIDOU COM AS REGRAS DO jogo. Agora está pronto para iniciar a partida. Quando começar a receber as respostas da primeira pergunta, preste muita atenção nas palavras que a pessoa vai utilizar. Lembre-se de que a conversa não é sobre você, é sobre o outro.

Reflita um pouco sobre a expressão "linguagem de fora para dentro".

Você está acolhendo, coletando respostas do discurso do seu interlocutor. Isso sem resumir nenhuma fala, pois você está justamente estimulando seu liderado a falar. É possível que, em determinados casos, você sinta a necessidade de conectar uma e outra resposta. Palavras como "compreendo" ou "entendo" são ideais para os momentos em que é preciso conectar as ideias sem "repetir" a reflexão da pessoa.

Quando Maria estava experimentando o método Construindo Respostas Proativas, conversando com um de seus "gurus", comentou: "Através dessas simples perguntas, os liderados falaram mais comigo e contribuíram muito com suas próprias ideias e possibilidades de soluções. E eu só precisava complementar".

Se realmente quer melhorar a sua habilidade de ouvir, você deverá incluir mais perguntas na conversa, e não apenas complementar. E, o mais importante, deverá **demonstrar verdadeiro interesse pela outra pessoa, ouvindo com atenção o que ela diz**. Provavelmente, essa não era uma dúvida ou equívoco somente da Maria.

Utilizar palavras do interlocutor na próxima pergunta

Então, preste atenção nas palavras que seu interlocutor utiliza nas respostas para colocá-las na próxima pergunta que você fizer. Essa estratégia o ajudará a elaborar o plano de ação verbal.

Ao utilizar as mesmas palavras do seu liderado, você se conecta muito mais rapidamente com ele, fazendo-o sentir seu interesse verdadeiro pelo que está dizendo. Esse comportamento estabelece um relacionamento de confiança entre líder e liderado e, consequentemente, o engajamento do liderado aumenta significativa e rapidamente. Mas é preciso lembrar de manter a constância desse comportamento.

NÍVEL 4: A CONVERSA ATRAVÉS DE PERGUNTAS

Antes de compreender a interpretação que cada um faz das mais variadas situações, a possibilidade de fazer julgamentos é grande. É o exercício das perguntas que leva à compreensão e nos libera da necessidade de julgar. Assim, conseguimos encorajar as ações que nosso liderado está criando para resolver sozinho os próprios problemas.

E como fica a abordagem inicial? Preciso "quebrar o gelo" com rodeios sobre assuntos aleatórios (o tempo, o futebol) antes de entrar no assunto? Sugiro que você vá direto ao ponto, explicando o motivo da conversa com objetividade e delicadeza.

Vamos observar agora um exemplo. Suponha que você analisou adequadamente a situação de um colaborador específico e sabe que seu indicador de fechamento é de 20%, ou seja, ele fecha a venda com dois em cada dez clientes. Seu ticket médio por cliente é de 3 mil reais. Você gostaria que ele atingisse a meta de 24 mil reais em vendas. Considerando o valor do ticket médio por cliente, seu liderado precisaria fechar vendas com oito clientes. Então, a conversa com esse liderado poderia ser exemplificada assim:

> Pergunta: "Fazendo uma análise do seu desempenho nas metas, queria que você me contasse o que vai fazer para atingir a meta no próximo mês".
>
> Resposta: "Vou entrar em contato com vinte clientes".

Pelo desempenho observado desse liderado, abordar vinte clientes significa fechar venda com quatro deles. Portanto, você pode prever que ele consegue alcançar 12 mil reais em vendas, ou seja, metade da meta. Mas o próprio liderado não tem clareza disso. Então, você pode ajudá-lo a mudar de atitude e pensar em soluções e estratégias através de uma conversa com perguntas:

Pergunta: "Fazendo uma análise do seu desempenho nas metas, queria que você me contasse o que vai fazer para atingir a meta no próximo mês".

Resposta: "Eu vou entrar em contato com vinte clientes no mês que vem".

Pergunta: "Compreendo. E qual a sua média de venda para cada cliente?".

Resposta: "Três mil reais".

Pergunta: "Entendo. E, no total, quanto você acredita que pode vender no próximo mês?".

Resposta: "Acredito que posso chegar a **vinte mil**".

Pergunta: "E se considerar o seu potencial de venda, além dos **vinte mil** de que você está me falando, a quanto poderia chegar?".

Resposta: "Pensando bem, talvez eu consiga chegar a **25 mil**".

Pergunta: "E para chegar a esses **25 mil**, quantos clientes você precisaria abordar?".

Resposta: "Verdade, preciso abordar pelo menos **quarenta clientes**".

NÍVEL 4: A CONVERSA ATRAVÉS DE PERGUNTAS

Pergunta: "Como você vai fazer para abordar **quarenta clientes** no mês?".

Resposta: "Vou reservar a **terça, a quarta e a quinta** para abordar entre três e quatro clientes por dia".

Pergunta: "E o que mais você pode fazer?".

Resposta: "Farei a parte operacional nas segundas e o planejamento da semana nas sextas. Vai dar certo".

Pergunta: "Por que é importante para você **abordar clientes** nas **terças, quartas e quintas** e fazer o **operacional e o planejamento** nas **segundas e sextas**?".

Resposta: "Porque eu vou focar mais, vou dar conta do operacional burocrático e vou conseguir atingir a meta".

Pergunta: "E como você vai se sentir no final do mês que vem, quando perceber que foi possível dar conta do operacional e atingir a meta?".

Resposta: "Vou me sentir **realizado!**".

Encorajamento para encerrar a conversa: "Perfeito! Quero comemorar com você a sua **realização**. Conto com você, bom trabalho".

A característica mais marcante é que essa conversa evita o grande sabotador chamado julgamento. Antes de darmos a oportunidade para o liderado desenvolver o seu potencial criativo e entregar o melhor de si, não podemos julgá-lo e enquadrá-lo em rótulos de desempenho. Não acredito em falta de talento, acredito em habilidade não desenvolvida. Com as perguntas, você se permite ouvir o interlocutor tão profundamente que é capaz de inserir na sua próxima pergunta as palavras dele próprio, promovendo uma conexão muito maior entre vocês e a conversa se torna prazerosa.

Quem está inserido no mundo dos negócios sabe o quanto é necessário ouvir o outro, mas percebo nos vendedores maior facilidade para falar sobre todas as características do produto e sobre a sua empresa do que ouvir o seu cliente. Vou compartilhar o clássico exemplo do vendedor de seguro de automóvel.

Geralmente, esse vendedor <u>diz</u> que tem uma solução para mim, sem me perguntar antes se eu tenho um problema. Depois, ele me <u>fala</u> sobre todas as inseguranças que ter um carro acarreta: o medo de acidentes, de bater em outro carro de maior valor, de ser roubado, de não ter dinheiro se precisar comprar outro carro. Então, <u>fala</u> de todas as características do seguro: as coberturas, os benefícios, os preços e as condições de pagamento. Também faz algumas perguntas fechadas, tais como "Seu carro tem seguro?".

Todas essas informações são, sem dúvida, muito importantes, mas, no meu caso, o que me leva a fazer seguro para o meu automóvel é principalmente não saber trocar pneu. Portanto, não é tão fácil me convencer a fazer um seguro se o vendedor não conseguir captar de mim aquilo que realmente me interessa no seu produto ou serviço.

Podemos usar a mesma lógica para verificar o poder de convencimento do líder. Se ele não fizer perguntas para compreender profundamente seu liderado, não saberá as reais razões pelas quais ele se movimenta para construir os resultados comuns.

Postura corporal adequada para ouvir

Você já experimentou a sensação de alguém não estar *nem aí* para você ou para o que você diz? Provavelmente, sim. E se eu perguntasse agora se você teria vontade de estar com essa pessoa novamente nessa situação, acredito que sua resposta seria *não*.

Se quiser ter o engajamento dos seus interlocutores, independentemente de como eles se apresentem a você, dê-lhes atenção. Se o cliente não comprar ou não tiver condições de consumir seu produto ou de ser convencido por você, provavelmente ele o tratará com carinho e falará bem de você e do seu negócio para os amigos.

Eu também costumava falar que deveríamos tratar e atender muito bem idosos e crianças. Idosos porque indicariam os filhos para serem nossos clientes, e crianças porque pais valorizam o carinho e afeto que seus filhos recebem. Se você agir assim porque realmente dá atenção às pessoas e gosta de ajudá-las, é possível que feche vários negócios.

Seu liderado, seu seguidor, aquele que provavelmente sonha em ocupar o seu lugar de liderança quando você crescer ainda mais, tem dúvidas, medos e anseios. Ele sabe que está sendo constantemente avaliado por você. E sabe também que o mundo cobra mais do que elogia. Provavelmente, quando é chamado para falar com você, fica nervoso e ansioso – *dica: vá até o ambiente dele*. Imagine como ele vai se sentir se, ao entrar na sua sala, você ainda continuar finalizando a sua tarefa antes de dar atenção a ele. Lembre-se: **em primeiro lugar a pessoa, depois o processo.**

Compreendo totalmente a sua dinâmica profissional. As décadas em que vivenciei essas situações não me permitem fechar os olhos para a grande demanda de trabalho carregada das responsabilidades que você assume. Possivelmente, dar conta de todas as tarefas é a sua prioridade antes de olhar atenciosamente para o seu liderado. Mas, se você quer resultado contando com esse mesmo liderado, deve mudar seu comportamento. Com o passar do tempo, esse liderado e todo o seu time mudarão mais do que você espera.

No exato momento que escrevo este capítulo, uma *coachee* que atendi há mais de dois anos começou a me seguir no Instagram. Mandei uma mensagem para ela no mesmo instante, falando que estava sentindo sua falta naquela rede. Depois dessa simples mensagem, ela respondeu muitas coisas que me emocionaram, mas o que mais chamou a minha atenção foi a seguinte frase: "Recordo-me como se fosse hoje, há dois anos, num momento delicado da minha vida, quando meu marido me contou que você o chamou pra saber de mim".

Essa *coachee* teve um sério problema de saúde, e num gesto que para mim foi simples porque admiro aquela mulher de verdade, realmente perguntei ao seu marido como ela estava

NÍVEL 4: A CONVERSA ATRAVÉS DE PERGUNTAS

e desejei uma boa recuperação. Fiquei surpreendida com o tamanho do significado que ela deu a essa atitude tão singela, a ponto de dois anos depois ela ainda lembrar. Que grande lição.

Essa moça fez eu me lembrar de quando minha filha teve um problema de saúde e precisou ir com urgência, em transporte aéreo, para um hospital em Porto Alegre. Acompanhado de sua esposa, o meu líder foi até o hospital onde eu estava com minha bebê, antes de eu viajar, e me disse: "Vai tranquila, não importa quanto tempo você vai precisar ficar lá. E se precisarem de dinheiro, você sabe que tem crédito". Nunca esqueci essas palavras de apoio e encorajamento. Pelo menos, faltar ao trabalho e não conseguir pagar pelo tratamento não foram preocupações naquele momento.

As perguntas e o relacionamento de apreço e consideração criam um laço de confiança com valor maior do que se consegue mensurar para os envolvidos. No entanto, apenas perguntar sem utilizar o recurso chamado **corpo** talvez seja considerado uma formalidade. Então, imagine-se olhando nos olhos, sorrindo, direcionando o seu corpo e curvando-se para cumprimentar e conversar. Observe também o que podemos aprender com as constatações de Maria:

> Parei o que estava fazendo, soltei a caneta, saí de trás do computador, olhei para ela, pedi que se sentasse e respondi:
> — Eu estou muito bem e você?
> Por causa da reação dela, lembrei que, em várias situações, eu não tirei os olhos do computador enquanto alguém falava

comigo, preocupada que eu estava em finalizar uma tarefa qualquer. Mudei tão pouco e a reação dela foi tão diferente...

Quando parar de perguntar?

Pare quando você se sentir satisfeito com a qualidade das respostas. Algumas pessoas irão responder consistentemente com somente uma pergunta. Outras precisarão de uma sequência um pouco maior (talvez três ou quatro). Vale salientar que, independentemente da quantidade de perguntas que você fizer, o que vale é a qualidade e a relevância das respostas.

Quando você estiver seguro de que as respostas vão gerar as ações necessárias para o liderado chegar ao resultado esperado, é hora de parar de perguntar. Se for conveniente e necessário, monitore o andamento.

Agora você pode estar se questionando sobre a quantidade de tipos de perguntas. De fato, há uma variedade enorme de perguntas possíveis, mas garanto que se utilizar os questionamentos indicados neste livro, você atuará acima da média. Com a vantagem de poder repetir essa dinâmica em diversas situações.

Pode ser que você esteja pensando que não se sente preparado para começar a atuar com essas perguntas. Então pense em quando você aprendeu a fazer algo novo – um processo na empresa, dirigir, cozinhar. Quantas vezes você precisou repetir essa ação até que conseguisse fazer sozinho? Se você

NÍVEL 4: A CONVERSA ATRAVÉS DE PERGUNTAS

repetir esse método em torno de três a cinco vezes, já estará preparado.

Um líder do segmento da indústria sentia-se sobrecarregado e recebia solicitações urgentes a fim de suprir os setores da empresa praticamente todos os dias. Então, ainda no início de sua aprendizagem, ele aplicou as perguntas nas conversas com os setores, que acabaram se organizando para solicitar as compras em determinados horários e/ou dias da semana. Essa ação contribuiu para melhorar os processos de vários setores da indústria. Até o setor financeiro acabou ganhando, devido à diminuição do volume de notas fiscais do mesmo fornecedor e da melhoria na programação de pagamentos.

Você chegou a um Nível elevado, não se esqueça de comemorar! Agora há apenas mais um Nível, e é sobre **a transformação dos feedbacks tradicionais**. Confira comigo as fases do jogo que você já conquistou.

GRANDES LÍDERES SABEM OUVIR

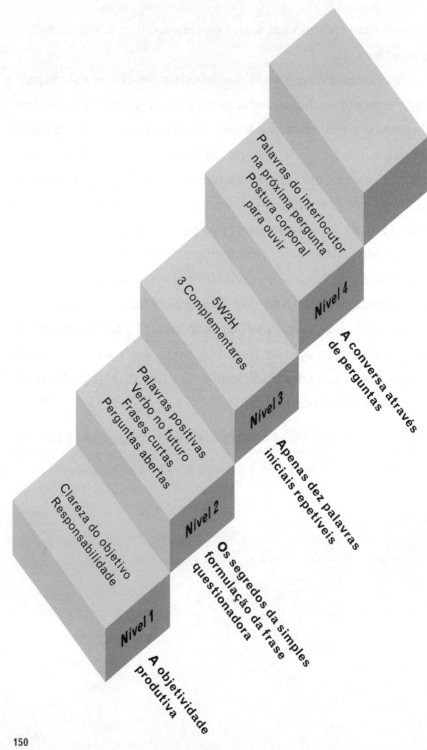

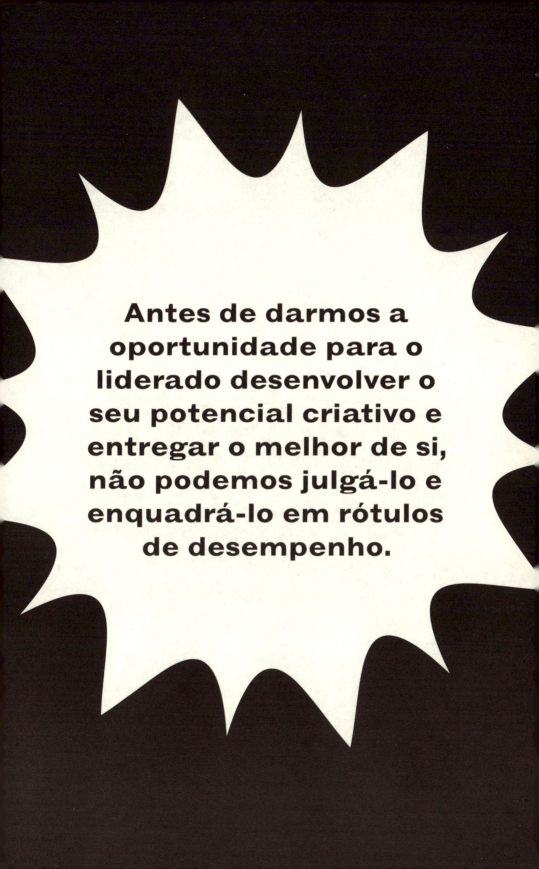

Antes de darmos a oportunidade para o liderado desenvolver o seu potencial criativo e entregar o melhor de si, não podemos julgá-lo e enquadrá-lo em rótulos de desempenho.

CAPÍTULO 9
NÍVEL 5: CONQUISTANDO O *PODIUM*

NÃO HÁ LÍDER QUE NÃO FAÇA OU NÃO PRE-cise fazer críticas e cobranças aos seus liderados, oferecer feedbacks, de maneira formal ou informal, inclusive cumprindo processos internos de gestão em determinadas organizações. É sabido também que, ao receber uma crítica, inicialmente as pessoas se fecham ou tentam se defender. Essa reação é provocada pela sensação natural de ameaça. E você, como líder, precisa manter uma performance que quebre esse paradigma.

Existe crítica construtiva?

Crítica é crítica. E será construtiva dependendo da forma de interpretação de quem a receber. A fisionomia, a entonação da voz e as palavras do líder também vão refletir mais ou menos na rejeição ou na aceitação da crítica.

Palavras e tom de voz hostis fazem o interlocutor acessar o centro das emoções negativas. Da mesma maneira, se o seu comportamento facilitar o acesso das emoções positivas, o interlocutor entenderá a crítica como uma boa conversa.

Então, existe um jeito mais ameno, mais amigo, para oferecer uma crítica?

O primeiro e mais importante elemento é que a conversa seja **individual**. Ninguém gosta quando suas fraquezas são divulgadas no ambiente. O que poucos líderes levam em consideração é que, para ter um time forte, os liderados, entre si, precisam valorizar um ao outro e enxergar as fortalezas de cada um. Quando se critica em público, o que costuma ser acentuado daquele que está sendo criticado é o seu ponto fraco e, mesmo que ele mude, o comportamento novo será mais difícil de ser percebido pelo grupo. Aquele colaborador acaba ganhando um rótulo, e as mesmas interpretações negativas sobre a crítica podem se repetir. A crítica pública ainda permite que exista uma reclamação generalizada do "chefe" e um medo coletivo de passar pela mesma situação.

O poder que as palavras têm de elevar ou menosprezar o outro é incontestável. Depois que a imagem de uma pessoa é formada, é difícil mudá-la. Se uma referência sua diz não gostar de fulano, mesmo que seja por motivos particulares, esse comentário gerará em você no mínimo dúvida sobre aquela pessoa.

Estou falando aqui do ambiente que você quer proporcionar aos seus liderados. Mas cuidado: se você, líder, esperar atitudes recíprocas, é possível que se frustre. O mundo da gestão

NÍVEL 5: CONQUISTANDO O *PODIUM*

é competitivo, urgente e exige assertividade desde o primeiro momento. Então, fique atento porque as coisas podem não ser tão fáceis assim. O importante é absorver conhecimento e replicar o que interessa para você e para seu time, do seu jeito. Portanto, quando você receber as críticas dos seus pares, da empresa e do mercado, lembre-se de analisar a crítica e escolher entre essas duas posturas:

1) Se a crítica fizer sentido, <u>mude</u> imediatamente. Decida mudar porque o resultado dessa mudança fará bem para você e para as pessoas à sua volta. <u>Dispense</u> justificativas;
2) Se considerar a análise vã, supérflua ou sem significado, se não afetar negativamente ninguém à sua volta nem o seu desempenho, não faça nada com ela e <u>respeite a opinião</u> da pessoa que ofereceu a crítica. É só uma opinião. E <u>dispense</u> justificativas.

O excesso de críticas, ainda mais se realizadas sem uma técnica, um modelo já estudado e validado mundo afora, chama-se criticismo. Oferecer uma crítica de forma adequada é, sim, papel do líder, mas se manter longe do criticismo é essencial.

Oferecer feedbacks na hora certa e de maneira adequada auxilia o líder a ser um excelente gestor de pessoas, além de não deixar que "detalhes" sejam acumulados até se transformarem na *gota d'água*, impactando no estado emocional do líder.

Uma das palavras mais comuns no mundo da liderança é feedback: o tal do retorno, da realimentação. É uma técnica, um modelo com o qual o líder oferece uma crítica com a intenção de que o liderado saia da conversa melhor do que chegou, com comprometimento de que aquilo que precisa ser ajustado realmente seja mudado. É uma prática de gestão de pessoas muito utilizada para avaliação e desenvolvimento de desempenho.

Neste capítulo, você vai perceber que, para chegar ao nível *podium* da liderança, basta aplicar o método Construindo Respostas Proativas, que você aprendeu e praticou durante sua leitura, nas sessões de feedbacks com seus liderados. Se fizer isso, sua performance estará acima da média.

A maior parte das pessoas gosta de receber feedback para saber se está atendendo a expectativa. Se ninguém o chama para conversar, é porque está tudo bem. Mas será que você não gostaria de receber um elogio ou reconhecimento pelo seu trabalho? Ou ainda, será que você não comete algumas falhas sobre as quais seu líder não tira um tempo para conversar?

Para enriquecer sua percepção, vou compartilhar agora a técnica dos dois tipos de feedbacks mais usuais. E aproveito para sugerir o uso do método para transformá-los em feedbacks realmente engajadores.

O feedback engajador

O feedback engajador é o que *paga a conta* e acontece quando a conversa entre líder e liderado acaba e ambos sentem que aquele momento valeu a pena, que gerou comprometimento para a ação e inspirou certeza de que haverá mudança duradoura. Afinal, só pensar sem agir, sem mudar o comportamento, não paga as contas, não é verdade?

Nesse modelo, <u>quem sugere as ações de mudança é o próprio liderado</u>, que assume a responsabilidade de executar o que foi planejado. Além de gerar comprometimento, esse modelo ainda facilita o papel do líder e o aperfeiçoamento do desempenho.

Aplicando o método no feedback sanduíche

A objetividade estudada no Capítulo 5 é exatamente a mesma usada nos feedbacks. Ter clareza de quais resultados você espera depois de um feedback é o principal ponto, pois norteará toda a conversa. Observe o seguinte passo a passo:

1) Inicie falando sobre **pontos fortes**;
2) A parte mais importante seria o recheio do "sanduíche", cite os **pontos de melhoria** (crítica, cobrança);
3) Encerre com palavras de **encorajamento**.

Para incentivar que o liderado fale mais e crie as soluções necessárias para melhorar seu desempenho, aplicaremos o método Construindo Respostas Proativas entre os Passos 2 e 3. Essa aplicação transforma esse feedback em algo engajador.

Considerações sobre o que e como falar no Passo 1

Encontre algo que você considerou um destaque ou que verdadeiramente admira na performance do liderado. Não seja genérico. Seja bem sucinto e objetivo.

Nunca diga que "alguém lhe disse" algo, pois não vai gerar confiança e dará margem para discussões entre as partes envolvidas. É muito importante que você mesmo tenha analisado o liderado pelos relatórios ou pelo seu comportamento.

Inicie falando sobre **pontos fortes** de modo que o liderado perceba com clareza e certeza que realmente tem esse ponto forte ou que determinada atitude foi um ponto forte nas suas ações. Então, identifique algo que realmente o surpreendeu nas ações desse liderado. Diga algo como "Notei que ontem, no atendimento do sr. João, você sorriu e o conduziu até a mesa do especialista, dando a atenção que ele merecia. Foi um jeito sensacional de receber o cliente". Esse comentário faz o liderado lembrar que realmente agiu assim e cria engajamento porque o líder notou o que ele fez de correto.

Esse é um exemplo de fala genérica do líder, a ser evitada: "Você é muito competente e importante para a nossa empresa". Esses "muito competente" e "muito importante" são elogios amplos. Além disso, o conceito de "muito" pode variar de pessoa para pessoa.

Considerações sobre o que e como falar no Passo 2

Perceba que não usei a expressão "ponto fraco" nesse Passo. Usei "ponto de melhoria" porque dá o sentido da positividade, já estudada, ainda que este seja o ponto do feedback em que o líder oferece a crítica e faz a devida cobrança. Veja como:

"Observando os relatórios, percebi que, na última quinzena, você não atingiu a meta" ou "Percebi que nesta semana você chegou atrasado três dias seguidos".

A **aplicação do método Construindo Respostas Proativas** é sugerida neste momento da conversa, pois aqui cabem as **perguntas** seguidas de um pouco mais de conversa. Observe:

Pergunta: "Qual o seu grau de satisfação com relação ao horário que você está chegando ao trabalho nesta semana?".
Resposta: "Estou bem chateado com essa situação".
Pergunta: "O que você pode fazer para não ficar chateado e chegar no horário?"
Resposta: "Preciso programar o **despertador para 15 minutos** antes, assim consigo sair também uns 15 minutos antes e evito o trânsito pesado desse horário que cheguei nesta semana".
Pergunta: "Como você vai se lembrar de colocar o **despertador para 15 minutos antes**?".
Resposta: "Vou configurar agora mesmo".
Pergunta: "A partir de quando você vai conseguir chegar no seu horário?".
Resposta: "A partir de amanhã".

Perceba que você deu oportunidade para o liderado falar e elaborar seu próprio plano de ação para sair desse estado sabotador que o está fazendo atrasar na chegada ao trabalho. E a forma como o assunto é conduzido fez parecer que era realmente uma conversa, e não uma cobrança.

Considerações sobre o que e como falar no Passo 3

Essa é a parte em que você encoraja o seu liderado a entrar em ação e o motiva. Expressões como essas podem ser usadas na conversa: "Confio em você" e "Conto contigo!".

Dar feedback sempre que a situação exigir ajudará na correção de minúcias, uma de cada vez. Se esperar, se anotar as falhas para cobrar uma vez por ano, apenas na avaliação de desempenho, vai ficar humanamente impossível para o seu liderado mudar tanto e de uma só vez. Ele acabará escolhendo somente alguns aspectos para melhorar.

Você pode precisar dar apoio ou monitorar algumas situações quando necessário:

Relacionamento de apoio: se o liderado ainda não domina determinada tarefa e você souber ensinar. O interessante é deixar que ele peça ajuda.

Monitoração: combinar com o liderado uma nova conversa sobre determinado assunto para logo após o prazo que ele tenha estipulado para concluir a tarefa. A formalização é simples: "Combinado: dia __/__/__, às __:__, voltamos a conversar sobre isso". Esse acordo não vai gerar surpresa para o liderado quando o dia estipulado chegar e você o chamar. Além disso, você estará estendendo-lhe a mão e estabelecendo uma relação de apoio e confiança. Esse compromisso deve estar na agenda do líder, que pode acabar em descrédito se não o fizer.

Aplicando o método no feedback de reconhecimento

A "hora boa" do líder é quando ele pode elogiar o seu liderado e tem certeza de que causará um impacto positivo na motivação desse indivíduo.

Cabe aqui uma ressalva com relação ao feedback positivo e à objetividade de reconhecimento ou elogio, como você quiser chamar. Algumas pessoas dizem que não elogiam porque os liderados que performam melhor receberiam mais elogios e isso poderia constranger os demais. Então, encontre algo que você verdadeiramente valoriza em todos, estimule toda a equipe com um elogio de vez em quando e abra brechas para intercalar os elogios individuais. O tamanho do salto que um liderado pode dar depois que perceber que você se importa com ele e percebe seus progressos pode ser maior do que os daqueles que hoje apresentam melhor performance.

O problema é que a rotina e o compromisso com os resultados ocupam tanto tempo que, muitas vezes, o líder acaba esquecendo ou não prestando atenção aos fatos que merecem ser elogiados, desperdiçando grandes oportunidades de conquistar seguidores diariamente.

Nada engaja mais do que ser reconhecido. Um "tapinha nas costas", um elogio, um sorriso, permitir que um liderado ande na sua frente, dar o crédito, deixar que os liderados atuem sozinhos. O nível de entusiasmo, motivação, orgulho e felicidade com esses pequenos gestos aumenta significativamente.

A sociedade, incluindo as famílias, pune mais do que elogia. Por isso, um feedback oportuno em qualquer situação para motivar extrinsecamente as pessoas é o **elogio**. Então, considere também a possibilidade de aplicar o método desenvolvido neste livro para elogiar, principalmente relacionando as perguntas com o verbo no passado para acessar a emoção positiva.

Exemplo: "Como você se sentiu quando conseguiu fechar a venda para o João?".

Recomendo a utilização do método Construindo Respostas Proativas no feedback de reconhecimento, porque o liderado fala e reforça para si mesmo os seus pontos fortes. E isso gera engajamento, afinal, novamente o líder está contribuindo para que o liderado brilhe mais.

A chave de ouro

A aplicação do método vale igualmente para avaliações formais de desempenho, aquelas cuja periodicidade provavelmente é semestral ou anual. E a *chave de ouro* desse processo de comunicação entre líder e liderado é a maravilhosa possibilidade de permitir, de solicitar o seu feedback para o seu liderado. Um dos maiores segredos da eficácia de um líder, na minha opinião, é a abertura para que o seu liderado lhe faça críticas.

Pense comigo: você já é líder, já ocupa essa posição de destaque. Seus liderados, de certa forma, lhe respeitam nessa posição e seguem seus comandos. Mas isso não faz de você um super-herói que acerta sempre.

Quando algum liderado seu lhe oferece uma crítica e você muda o seu comportamento, este liderado percebe. Ele sabe que você aceitou uma opinião dele. Então, dê-lhe o crédito. Agradeça. Se a crítica não fizer sentido, diga algo como: "Obrigado por compartilhar a sua opinião comigo. É muito bom poder contar com tamanha confiança a ponto de você estar me dando a sua opinião sobre isso... Vou pensar sobre". Você já é o líder, afinal. E pode fazer isso. Dessa forma, você não precisou se justificar nem aceitar a crítica, mas, com certeza, fortaleceu o sentimento de confiança no relacionamento. Aproveite esses momentos de troca em que você critica seu liderado e oferece espaço para ele opinar sobre você.

Como vimos, as palavras utilizadas nas perguntas têm relação direta com as respostas. Se as quiser mais criativas, engajantes e em menor tempo, você determinará isso pela qualidade das perguntas. Para o interlocutor usar as orelhas e a boca, você só precisa estimulá-lo através das perguntas certas. Neste caso, precisa ouvir com atenção em vez de criar todas as soluções. A escuta verdadeira direciona a equipe e o negócio para o rumo certo através do melhor de cada liderado que faz parte da sua equipe e da sua rede de relacionamentos.

O que estou oferecendo a você com este livro é um guia prático na habilidade de gerir pessoas. É o melhor do mundo? Provavelmente não, mas, se você o utilizar e obtiver resultados surpreendentes, você passa a ser a sua melhor versão. Bem-vindo ao *podium*. Celebre, comemore! E sigamos rumo à solidificação da sua felicidade na liderança.

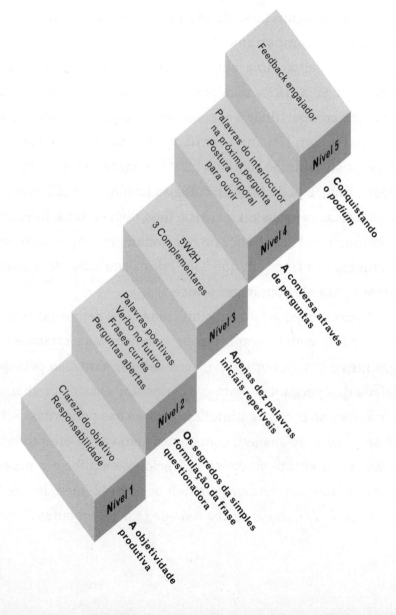

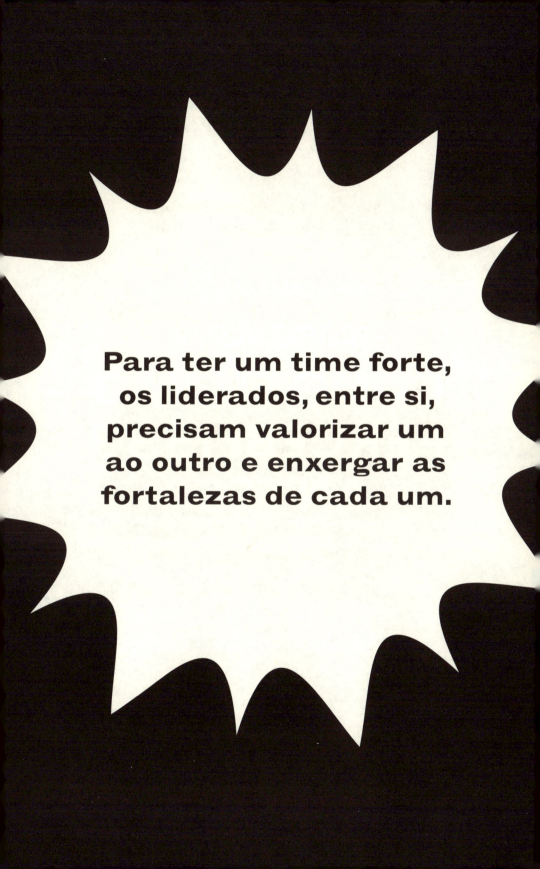
Para ter um time forte, os liderados, entre si, precisam valorizar um ao outro e enxergar as fortalezas de cada um.

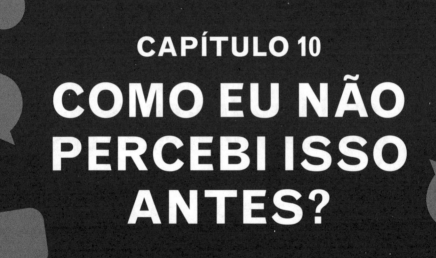

CAPÍTULO 10

COMO EU NÃO PERCEBI ISSO ANTES?

QUEM DESCOBRE O SEGREDO DAS PERGUN-
tas e constrói respostas proativas começa a viver num mundo de liberdade na comunicação.

A empresária da área industrial Ana (nome fictício), que atua nos três estados do Sul do Brasil, estava prestes a demitir um de seus gestores quando compreendeu o poder dessas perguntas. Então, ela elaborou um novo mapa para observar a situação desse gestor e sentiu necessidade de lhe oferecer um feedback. A mudança foi dar o feedback sem falar em ponto fraco, mas questionando quais as soluções esse gestor propunha para resolver o problema. Depois de quatro anos, ela me informou que o gestor continua fazendo parte da equipe e que, se o tivesse demitido, ela, sim, teria cometido um equívoco.

Reter os talentos na empresa pode oferecer ganhos incalculáveis. Não precisar treinar o colaborador substituto em todos os processos e cultura da empresa significa ganhar tempo, dinheiro e relacionamentos.

Um líder com tamanhas responsabilidades estratégicas no boom de crescimento de uma empresa precisa estar bem relacionado com sua equipe para tomar decisões acertadas e resolver problemas.

Eu estava começando a aprender a fazer as perguntas certas quando minha filha mais nova ainda estava na pré-escola. E foi com esta pequena criança que tive certeza de que este método funciona.

Estava chovendo naquele dia. Na hora de vestir o uniforme, minha filha disse que não queria ir para a escola. Fiquei surpresa, afinal ela adorava a escola e nunca havia falado sobre não querer ir. Então, perguntei: "O que você ganha se ficar em casa?". Ela me respondeu: "Nada". Como eu não sabia muito bem fazer as perguntas, repeti: "Pensa bem, o que você ganha ficando em casa?". Ela me respondeu do jeito que uma criança responde para os pais: "Já falei que... não ganho nada". Pensei rapidamente e a pergunta seguinte saiu assim: "E o que você ganha indo para a escola?" Ela respondeu: "Aprendizado!" e subiu a escada para colocar o uniforme, sem que eu precisasse falar mais palavra alguma.

Com esse episódio, entendi que, nas tomadas de decisão, duas perguntas simples podem contribuir para que as escolhas sejam mais rápidas e assertivas: "O que você ganhará?" e "O que você perderá?".

Versatilidade: a transformação

Existe um ditado que diz: "não levante a sua voz, melhore o seu argumento". Eu completo: "melhore as suas <u>perguntas</u>". Para ter vontade de levantar a voz, você já está irritado, estressado. A partir daí, entramos em estado de sofrimento. O autocontrole surge agora como a aplicação mais importante das perguntas. A autocobrança, principalmente quando você erra, lhe tira algumas horas de sono com preocupações. Acontece que mais de 90% daquilo que criamos na nossa mente em preocupações nunca acontecerá.

O método de fazer as perguntas certas, além de levar a equipe e a empresa para o rumo certo, nos leva para um nível de bem-estar incrível. Mesmo que você tenha desenvolvido a excelente habilidade de ouvir e através dela tenha elevado o seu poder de convencimento, ainda é o outro que está na sua frente. E você não pode controlar o outro. A única variável dos relacionamentos que você controla é você mesmo.

Para embasar esse raciocínio, lembre-se de duas premissas muito importantes:

1) Você não é perfeito.

Aceite esse fato. Siga seus valores, aqueles dos quais não abre mão por nada, e certifique-se de que não está afetando negativamente nem você nem as pessoas à sua volta. Permita-se explorar as infinitas possibilidades de viver experiências antes limitadas pelo medo e pela vergonha. Você não é um super-herói. E, de agora em diante, permita que outras pessoas percebam suas vulnerabilidades.

2) Quem faz mais, erra mais.

Você nem sempre tem 100% de certeza de que suas ações ou decisões darão certo e, por isso, corre o risco de errar, de não atender às expectativas, de ter se esquecido de considerar alguma variável importante. Seu nível de experiência, ou um fator inusitado, inédito, a respeito de um assunto específico pode não ser suficiente para lhe dar segurança e, mesmo assim, em função do seu nível hierárquico ou responsabilidade assumida, é você a pessoa a tomar a decisão. Quanto mais você faz, mais está propenso a riscos. Por outro lado, se nada fizesse, você se sentiria feliz? Provavelmente, essa "confusão" da vida, esse movimento de precisar conduzir várias frentes ao mesmo tempo, preenche você.

Aprender a performar para melhorar o desempenho de outras pessoas é bastante interessante e o método contido neste livro o conduziu a este saber que, provavelmente, o fará viver em um nível de liberdade pessoal nunca imaginado. Mas há uma pessoa muito importante que merece os maiores e melhores cuidados do mundo: você mesmo.

Então, imagine-se em uma redoma de vidro de pura energia. Você controla somente o que está dentro da redoma, ou seja, você mesmo, e todas as variáveis do lado de fora deste espaço são agentes externos, que podem ou não influenciar/entrar, dependendo da sua permissão. Você pode permitir a entrada apenas das variáveis (coisas, circunstâncias, comportamentos de outras pessoas) que realmente interessam e lhe fazem bem ou permitir que tudo o que acontece à sua volta o influencie.

Recepção da crítica, da pressão, da cobrança

Lembre-se de que os desafios de quem está em posição de liderança são intensos. A forma como você interpreta determinado fato vai influenciar, mais ou menos, o seu emocional e a sua cognição. Você pode dizer coisas do tipo "Isso tá muito puxado" ou "Que bom que eu sou esperto para resolver isso". A escolha é sua. É preciso estar em um estado de consciência tal que possibilite explorar as melhores opções para resolver determinado problema e ter rapidez na tomada de decisão para conduzir as ações em sequência.

Outra coisa bastante importante: se você leu este livro, sabe que existe uma técnica para ser assertivo em perguntar, mas seu líder e seus relacionamentos, que não fizeram esta leitura e não praticaram a metodologia, provavelmente desconhecem essa habilidade. Portanto, você receberá perguntas inadequadas. Você pode até dar um passo para dentro da redoma, exercendo o total controle sobre si, suas perguntas e suas respostas. Mas, naturalmente, essas perguntas inadequadas vindas daqueles ao seu redor o farão acessar emoções não tão positivas.

Se alguém lhe fizesse perguntas como "Por que você não atingiu a meta da sua unidade?", "Quais motivos que o levaram a esses resultados?" e "Por que você errou?", suas respostas também conteriam justificativas. Tristeza ou decepção apareceriam como consequência de acessar seus pontos fracos, o passado e o problema especificamente.

Prepare-se para receber essas perguntas e transformá-las em objetivos claros e bem definidos. E observe a intenção positiva de seu interlocutor. Assim, você poderá respondê-lo em alto nível. Mas, para isso, você precisa estar bem.

Como se preparar, então? Toda conversa feita através de perguntas pode ser treinada como um monólogo. E é possível acrescentar possibilidades:

"O que eu aprendi ou estou aprendendo com isso?"
"O que vou fazer para corrigir?"
"Com quem poderei contar?"
"Como vou melhorar da próxima vez?"
"Quando vou começar?"

Se a sua interpretação para determinada cobrança conduzi-lo a uma mudança de comportamento, essa alteração poderá favorecer um relacionamento de apoio com o interlocutor que lhe deu o feedback. Você muda e, consequentemente, os outros mudam também.

Em incontáveis vezes, você precisa **defender seu ponto de vista**. Caso queira ter menos esforço, procure questionar os interessados para saber por que seu ponto de vista seria importante para eles.

A **agilidade na tomada de decisão** também pode ser impactada se você conseguir responder a duas perguntas elementares:

1) Quais os ganhos que esta decisão trará?
2) Quais as perdas (riscos) dessa decisão?

É provável que as respostas para essas perguntas lhe tragam clareza.

Quando usado para a comunicação com liderados, o método Construindo Respostas Proativas impacta, de uma só vez, na satisfação das três necessidades psicológicas – autonomia, competência e conexão – dos que recebem as perguntas. Além de absorver o potencial criativo de todos os integrantes da equipe e da empresa, o líder ainda pode utilizar o mesmo método consigo mesmo, para manter o autocontrole, como no exemplo da Maria e suas aplicações.

Maria havia aprendido a conversar através de perguntas e considerado a prática relativamente fácil. Vamos ver como funcionaria para ela se desenvolvesse um diálogo consigo mesma:

Pergunta: "Por que fiquei tão triste quando meu chefe gritou comigo?".

Resposta: "Porque alguém gritou comigo e eu não admito isso/ porque me humilhou...".

Maria percebeu que estava entrando em emoção negativa, com certa raiva e frustração. E estava começando a se magoar com a lembrança de outras situações envolvendo ações da mesma pessoa. Então, entendeu que a pergunta que estava construindo a resposta não era a mais apropriada para manter seu estado de espírito elevado.

Pergunta: "O que eu realmente quero?".

Resposta: "Me sentir tranquila mesmo quando alguém grita comigo".

Opa! Quando foi buscar claramente o que queria, as palavras que compunham a pergunta tiveram que mudar.

Pergunta: "O que vou fazer para me sentir tranquila quando alguém gritar comigo?".

Resposta: "Vou respirar fundo, olhar nos olhos da pessoa e esperar até que se acalme para que possamos conversar decentemente".

A sensação de orgulho de Maria aumentava e ela se sentia mais bem posicionada. Lembrou que se usasse "por que", precisaria incluir "é importante" na frase, para não cair na gafe de buscar respostas destrutivas. Dessa maneira: "Por que é importante ficar calma e tranquila mesmo com alguém gritando comigo?".

Recepção do reconhecimento

Imagine seus superiores lhe chamando para reconhecer o belo trabalho que você executou. Como você se sentiria?

Maria relata a sua experiência:

— Resolvemos conversar contigo hoje para agradecer pelo seu trabalho e te parabenizar. Estamos acostumados a ouvir reclamações dos chefes e dos clientes, e nós gostamos de ouvir as reclamações, afinal, se não reclamassem teriam desistido de nos ajudar a melhorar e buscariam outras empresas concorrentes. Mas, nesta semana, fomos surpreendidos com mais de uma pessoa elogiando seu trabalho.

Para quem estava preparada para se justificar, receber um elogio... Cara, isso é muito bom! Estou me sentindo muito bem. Claro que estou esperando que depois do elogio venha aquela cobrança ... nada é por acaso, pensou.

— Muito obrigada. Estou tão surpresa quanto vocês. Foi muito bom para mim saber que tenho esse reconhecimento de vocês, e de clientes e funcionários.

— Muito obrigado por ter nos dado seu tempo. Bom trabalho, continue assim.

Então, Maria constatou que havia sido chamada apenas para ser reconhecida. Aquilo era um sonho, e estava desconstruindo sua crença de que depois de um elogio vem sempre uma cobrança. Na hora do almoço, ela não tinha fome, estava repleta de felicidade. Poderia dizer que o seu contentamento estava nas alturas. Havia conseguido experimentar o poder que o elogio e o reconhecimento tem na sua motivação e bem-estar.

A solução de problemas das empresas pode estar em <u>ouvir os funcionários</u>. E a prática de perguntar é inovadora e é utilizada pelos líderes mais eficazes e pelas empresas mais promissoras. O método é uma via de mão dupla: ao mesmo tempo que melhora a qualidade de vida do líder, também permite que as pessoas ao seu redor extrapolem seus limites e explorem seu potencial.

A empresa é inovadora quando possibilita que seus colaboradores façam suas perguntas, sem medo de ser ridicularizados ou considerados ignorantes. A comunicação do líder impacta na cultura de sua empresa. Ele não pode se deixar levar pelo impulso de passar adiante informações desnecessárias e deve parar a ação daqueles que são os repassadores de más notícias, para não dizer fofocas. Sobre isso, podemos nos basear no filtro das três peneiras da Parábola de Sócrates, retirada do livro *Coaching e mentoring*, de Erika Lotz e Lorena Gramms:

Um homem foi ao encontro de Sócrates levando ao filósofo uma informação que julgava de seu interesse:

— Quero contar-te uma coisa a respeito de um amigo teu!

— Espera um momento — disse Sócrates. — Antes de contar-me, quero saber se fizeste passar essa informação pelas três peneiras.

— Três peneiras? Que queres dizer?

— Vamos peneirar aquilo que queres me dizer? Tens certeza de que o que queres me dizer é **verdade**?

— Bem, foi o que ouvi outros contarem. Não sei exatamente se é verdade.

— E essa informação vai promover algo de **bom**? Ou não?

Envergonhado, o homem respondeu:

— Devo confessar que não.

— É **útil** o que viestes falar a respeito do meu amigo?

— Útil? Na verdade, não.

— Então, se o que queres contar-me não é verdadeiro nem bom nem útil, ainda queres contar-me?[1]

Alguns comportamentos são imprescindíveis às pessoas de alta performance para que fixem marcas positivas, dentre eles está fazer primeiro o que é difícil ou o que ainda não sabe ou não gosta de fazer. Costumo pedir para as pessoas descreverem como está a sua mesa de trabalho, se as pendências

---

[1] LOTZ, Erika Gisele; GRAMMS, Lorena Carmen. *Coaching e mentoring*. Curitiba: Editora Intersaberes, 2014, p. 28.

estão em um monte de papéis acumulados. Peço para me dizerem se o que gostam de fazer está em cima ou embaixo do monte, ou seja, se é a prioridade. Geralmente, a resposta é que o que não gostam de fazer está embaixo do monte.

A estratégia de inverter o monte das pendências pode contribuir para elevar a sua performance e tirar esse "peso" dos seus ombros. Elabore um plano de ação para monitorar seu processo de conclusão das tarefas no prazo e com as melhores ferramentas. Conecte-se com as pessoas importantes para você ter o resultado que quer em todos os seus objetivos. Mantenha o alto astral e bom humor, afinal, todos gostam de conviver com pessoas alegres e positivas.

Se estou falando em alta performance, é porque imagino que, neste momento da leitura, você ainda esteja achando difícil aplicar o método. Você precisaria praticar pelo menos três vezes para observar a qualidade das respostas e decidir se incorpora ou não esse modelo na sua linguagem de líder. Conte inclusive com familiares para treinar nesse começo. Resultados duradouros são garantidos pela constância das suas atitudes.

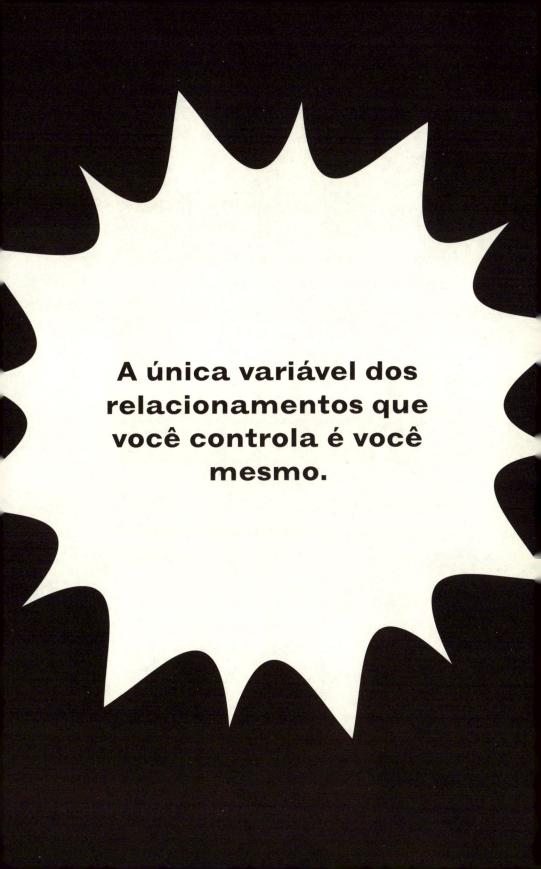

CAPÍTULO 11
ELEVANDO SEU NÍVEL OUVINTE

PULAR CORDA SEM A CORDA PARAR PARA você entrar e saltar de um carro em movimento são boas metáforas para a dinamicidade da vida na liderança, que não tem começo, meio ou fim. Não importa se já atua como líder há anos ou se ainda está se preparando para assumir esse lugar: em ambos os casos, você já pode usar o método Construindo Respostas Proativas.

Se você tem liderados, utilize o método e meça os resultados da sua performance na comunicação e da produtividade deles e se surpreenda. Se ainda não tem liderados, aproveite a oportunidade para exercitar consigo mesmo ou com seus familiares, amigos e colegas. Esteja preparado para quando precisar usar as perguntas na liderança. A vida oferece diariamente motivos e oportunidades para você fazer as perguntas certas e praticar. Fique atento e aproveite.

Trabalhar com pessoas é difícil? Depende. Experimente fazer tudo sozinho. Depois de ter passado pela experiência da pandemia da Covid-19, ficou ainda mais evidente o quanto a conexão com as pessoas é necessária como um dos ingredientes da felicidade.

Experimente praticar o método e explore ainda mais a possibilidade de fazer a diferença na vida das pessoas. Você promovendo felicidade. O seu brilho vai fazê-las brilhar e isso não ofuscará você, apenas o iluminará ainda mais.

Entender de gente. O mundo clama por líderes que entendam de gente. Com essa linguagem de fora para dentro é possível conhecer o outro. Perguntando, obtenho as respostas para conhecer a real necessidade do outro, checando se realmente entendeu o que você quis comunicar, compreendendo o seu nível de percepção sobre os fatos e a vida, melhorando os seus relacionamentos, obtém-se o engajamento. Essas ações o afastam de uma expectativa mal dimensionada e, por consequência, diminuem suas frustrações.

Se pudesse estipular um valor para o aumento da sua produtividade e da produtividade da sua equipe através do método Construindo Respostas Proativas, valeria a pena praticá-lo?

Utilize o autocontrole e o autoconhecimento para combater esses sabotadores da dificuldade de controlar a ansiedade e o nervosismo. Assim você se torna expert em desenvolver liderados entusiasmados e apaixonados. Afinal, é mais difícil aprender e ensinar habilidades comportamentais, como a escuta e o entusiasmo, do que aprender e ensinar as habilidades técnicas de operação de uma máquina ou sistema.

Você precisa disponibilizar TEMPO para as pessoas e se interessar verdadeiramente por elas. Mesmo diante de situações adversas, você provavelmente manterá uma fisionomia boa para receber a dor ou o problema do outro e ajudá-lo a encontrar a solução. Seja inteligente em suas perguntas para que o outro elabore verbalmente um mapa mental da solução do problema. Dessa forma, o líder passa a ser o apoio para que o liderado encontre as soluções para seus problemas.

Chega de vitimização, o "coitadismo" acaba com a reputação do líder e contamina o ambiente de trabalho. Se você ainda não conseguiu o que quer, é porque ainda lhe falta desenvolver alguma habilidade. Descubra qual é e pague o preço do esforço para melhorar. Se sua lacuna tiver a ver com pessoas, use o método Construindo Repostas Proativas.

Se você sonha com uma equipe dos sonhos, sinta a emoção que este sonho realizado lhe traz, crie a sua visão de futuro entusiasmada e estimulante e alinhe os propósitos procurando conhecer os ideais e objetivos individuais para que todos na equipe queiram fazer parte. Ninguém sabe o tamanho de seu talento: se você se desafiar, ou desafiar seu time, provavelmente perceberá que pode muito mais.

Os maiores segredos para ter e manter bons relacionamentos são:

- ✔ Em vez de se defender, **baixe a guarda**, ouça o que o outro está dizendo e admita sua responsabilidade;
- ✔ Em vez de se calar, **sinalize que está ouvindo**, explique que não se sente em condições de conversar no momento e comprometa-se em retomar o assunto;
- ✔ Em vez de criticar em excesso, **ofereça feedbacks com as perguntas**;
- ✔ Em vez de desprezar, **aprecie e valorize o outro**.

O líder de uma equipe e de uma empresa excelente valoriza as pessoas, comemora os sucessos e gera condições de longevidade através de aprendizado constante. Seu sucesso, sonho, felicidade e resultados dependem de uma atitude mental positiva e da sua permissão para entrar em ação. A **repetição** das perguntas, nas mais variadas situações, vai torná-lo especialista no método.

Acredito que todas as pessoas são líderes.

Como assim?

Isso mesmo: líder de si mesmo. Ou você toma as rédeas da sua vida ou se submete ao que os outros definem para e por você.

Antes de pensarmos em liderar outros, o primeiro e mais interessado na liderança é o próprio indivíduo. Como exigir do outro aquilo que, muitas vezes, nem nós mesmos conseguimos oferecer, ser ou fazer?

Os dois lados da mesma fatia

Por mais fina que seja uma fatia, sempre haverá dois lados. Você tem a liberdade de olhar, prestar atenção e elevar o lado que decidir.

Veja uma fatia de pizza. Ela tem o lado do recheio e o lado da forma. Nunca vi ninguém servir uma pizza com o lado do recheio para baixo. E como é apetitoso ver aquele recheio, não é mesmo?

No livro *Problemas? Oba!*, Roberto Shinyashiki[1] nos faz refletir que, se existe problema, existem também oportunidades de melhorias, de inovação, de contribuição. Imagine-se recebendo um problema e interpretando as oportunidades que esse problema traz, expressando felicidade, dizendo coisas positivas como "Vou melhorar como profissional!". Tranquilamente, percebe-se que é uma opção sua escolher de que lado vai observar os problemas. Pense na sua fisionomia e na sua disposição para resolver os problemas ou fazer perguntas estimulando as pessoas a encontrarem suas próprias soluções e apresentando uma interpretação positiva sobre os problemas.

O seu nível de entusiasmo é uma das evidências do seu astral, do quanto você acredita no que está comunicando e um grande meio para tornar o ambiente um lugar onde todos queiram conviver e permanecer. Olhar sua liderança pelo lado do

---

[1] SHINYASHIKI, Roberto. *Problemas? Oba!* A revolução para você vencer no mundo dos negócios. 22. ed. São Paulo: Editora Gente, 2011.

prazer que lhe proporciona ou pelos problemas que a circundam não muda a sua posição, não muda sua cadeira. É apenas uma questão de perspectiva para os seus pensamentos.

Por melhor que sejam, você sempre vai exigir que seus filhos ou liderados se aperfeiçoem. Mas jamais se esqueça de valorizar o que já têm de bom. Eles já são seus, esses você já conquistou.

Em um determinado dia, um dos meus professores perguntou para a turma qual era o nosso indicador de leitura anual, quantas páginas líamos por dia e quanto tempo disponibilizávamos para isso. Lembro-me ainda das justificativas baseadas na rotina corrida, na falta de tempo, no excesso de informações ou na crença de que somente as notícias do dia já bastavam... A constatação foi de que o indicador de leitura daquela turma era baixíssimo. Inclusive, não era uma exceção, pois a média de obras lidas integralmente pelos brasileiros é de 2,43 livros por ano.[2] Portanto, você já tem a minha admiração por ter chegado ao final desta leitura. Celebre essa pequena grande conquista!

Você está pronto. Conforme prometi, coloquei neste livro aquilo que considero ser simples, prático e assertivo. Agora que sua leitura acabou, a aplicação do método Construindo

---

2   UOL. Franceses leem 21 livros por ano, cinco vezes mais que brasileiros. Disponível em: <https://noticias.uol.com.br/ultimas-noticias/rfi/2019/03/13/franceses-leem-21-livros-por-ano-cinco-vezes-mais-que-brasileiros.htm>. Acesso em: 8 out. 2020.

Respostas Proativas ficará mais fácil. Se você cumpriu os desafios propostos de fazer as perguntas conforme a descrição da metodologia, acredito que a esta altura você já esteja colhendo os resultados de sua nova performance. Que bom! Aproveite a oportunidade de ser feliz no cargo de liderança que ocupa e contagie as pessoas à sua volta para a geração de resultados surpreendentes e de bem-estar na sua vida profissional.

REFERÊNCIAS BIBLIOGRÁFICAS

AHMANN, Géssica. A importância do coaching para os gestores nas organizações. TCC (Trabalho de Conclusão de Pós-Graduação em Comportamento e Gestão de Pessoas) – Universidade do Oeste de Santa Catarina, São Miguel do Oeste, 2018.

ALBERT EINSTEIN. Relatório de Responsabilidade Corporativa 2006. Disponível em: <https://www.einstein.br/Documentos%20Compartilhados/relatorio-sustentabilidade-einstein-2006.pdf>. Acesso em: 11 set. 2020.

ALVARENGA, Mary. As três peneiras de Sócrates. *Secretaria da Educação do Paraná*. Disponível em: <http://www.filosofia.seed.pr.gov.br/modules/conteudo/conteudo.php?conteudo=1293>. Acesso em: 11 set. 2020.

ALVES, Rubem. A *Escutatória*. Disponível em: <http://www.caosmose.net/candido/unisinos/textos/escutatoria.pdf>. Acesso em: 14 set. 2020.

ATIVIDADES PEDAGÓGICAS. A Pirâmide de Aprendizagem de William Glasser. Disponível em: <https://atividadespedagogicas.net/2018/10/a-piramide-de-aprendizagem-de-william-glasser.html. Acesso em: 11 set. 2020.

BENNIS, Warren. *A essência do líder*: o grande clássico de liderança. Rio de Janeiro: Elsevier, 2010.

BERGER, Warren. *Uma pergunta mais bonita*: as perguntas dos criadores de Airbnb, Netflix e Google. São Paulo: Aleph, 2019.

BITTER, Flávio. Saúde dos executivos em xeque. *ABRH-SP*. Disponível em: <https://abrhsp.org.br/conteudo/abrh-sp-no-estadao/saude-dos-executivos-em-xeque/>. Acesso em: 13 set. 2020.

CAMINI, K. A. A importância das competências individuais e coletivas nas organizações: contribuições teóricas. TCC (Trabalho de Conclusão de Pós-Graduação em Desenvolvimento de Lideranças) – Universidade do Oeste de Santa Catarina, São Miguel do Oeste, 2016.

CATHO. A Importância do feedback para o profissional e para a empresa. Disponível em: <https://www.catho.com.br/carreira-sucesso/carreira/dicas-emprego/comportamento/a-importancia-do-feedback-para-o-profissional-e-para-a-empresa/>. Acesso em: 11 set. 2020.

IBE/FGV. Pesquisa revela o nível de estresse do executivo do alto escalão. Disponível em: <https://www.ibe.edu.br/pesquisa-revela-o-nivel-de-estresse-do-executivo-do-alto-escalao/>. Acesso em: 11 set. 2020.

REFERÊNCIAS BIBLIOGRÁFICAS

LOTZ, Erika Gisele; GRAMMS, Lorena Carmen. *Coaching e mentoring*. Curitiba: Editora Intersaberes, 2014.

MATTA, Villela da; TRACY, Brian; VICTORIA, Flora. *Engajamento total*: como aumentar a performance e a lucratividade da sua empresa através das pessoas. São Paulo: SBCoaching, 2016.

ROBBINS, Anthony. *Desperte seu gigante interior*: como assumir o controle de tudo em sua vida. 31. ed. Rio de Janeiro: Best--Seller, 2017.

SHINYASHIKI, Roberto. *Problemas? Oba!* A revolução para você vencer no mundo dos negócios. 22. ed. São Paulo: Editora Gente, 2011.

SINEK, Simon. *Comece pelo porquê*: como grandes líderes inspiram pessoas e equipes a agir. Rio de Janeiro: Sextante, 2018.

VIEIRA, Paulo. *O poder da ação*: faça sua vida ideal sair do papel. São Paulo: Editora Gente, 2015.

VIZIOLI, Miguel; CALEGARI, Maria da Luz. *Liderança*: a força do temperamento. São Paulo: Pearson Prentice Hall, 2010.

VOCÊ S/A. As 150 melhores empresas para trabalhar. São Paulo, ano 21, n. 11, ed. 258, novembro 2019.

WIKIPÉDIA. Teoria da autodeterminação. Disponível em: <https://pt.wikipedia.org/wiki/Teoria_da_autodetermina%C3%A7%C3%A3o>. Acesso em: 11 set. 2020.

Este livro foi impresso em papel Pólen Bold 70g
pela Gráfica Assahi em novembro de 2020.